acabus
Verlag

Gunnar Walter Richter Johansen

Der Soldat,
den niemand haben wollte

Richter Johansen, Gunnar Walter: Der Soldat, den niemand haben wollte, Hamburg, acabus Verlag 2013
Titel des Originals: Soldaten ingen ville ha
Aus dem Norwegischen von Gero Lietz

Originalausgabe
ISBN: 978-3-86282-183-9

Dieses Buch ist auch als eBook erhältlich und kann über den Handel
oder den Verlag bezogen werden.
PDF-eBook: ISBN 978-3-86282-184-6
ePub-eBook: ISBN 978-3-86282-185-3

Lektorat: Berit Liedtke, acabus Verlag
Umschlaggestaltung: ds, acabus Verlag
Covermotiv und Fotos: © Gunnar Walter Richter Johansen

Der acabus Verlag ist ein Imprint der Diplomica Verlag GmbH,
Hermannstal 119k, 22119 Hamburg.

Bibliografische Information der Deutschen Nationalbibliothek
Die Deutsche Nationalbibliothek verzeichnet diese Publikation in der
Deutschen Nationalbibliografie; detaillierte bibliografische Daten sind im
Internet über http://dnb.d-nb.de abrufbar.

Vorwort

Ich begegnete meinem Vater, Walter Richter, zum ersten Mal im Frühjahr 1989. Im Gegensatz zu den meisten Familienzusammen-führungen wurde die unsrige ein Erfolg. Als mein Vater dann im Sommer 1990 zum ersten Mal seit dem Krieg wieder nach Norwe-gen kam, fuhren wir nach Åsenfjorden und Trolla Brug in Trond-heim. Über unsere Wiederbegegnung nach so vielen Jahren ver-öffentlichte ich einige Texte, und vom ZDF kam sogar das Angebot, darüber eine Reportage zu drehen. Das wurde meinem Vater jedoch zu viel und er lehnte ab.

Mein Vater besitzt sehr viele Fotos aus seiner Zeit als Soldat in Norwegen. Diese dienten als eine Art Grundlage für die Erinne-rungen. Schon früh bemerkte ich das schier fotografische Gedächt-nis meines Vaters, bei dem die Fotos eine Vielzahl von Erinnerun-gen an verschiedenste Erlebnisse hervorriefen.

Die Idee, die Geschichte meines Vaters aufzuschreiben, entstand vor einem Jahr. Ich schickte ihm eine Reihe von Fragen, die den Ausgangspunkt für ein Buch bilden sollten. Das wiederum löste bei meinem Vater einen Prozess aus, der ihn viel Zeit darauf verwen-den ließ, eine Art „Basisdokument" von etwa 50 Schreibmaschi-nenseiten zu verfassen, in dem er seine Zeit in Norwegen einge-hend schilderte. Die Arbeit hatte begonnen.

Ich reiste mehrmals nach Deutschland, um dort enger mit mei-nem Vater zusammenzuarbeiten. Dabei besuchte ich auch seinen Heimatort. In Senftenberg und Schwarzheide verbrachten wir viel Zeit damit, Orte seiner Kindheit aufzusuchen – die Volksschule, Läden, Spielplätze und andere. Vor kurzem waren wir auch in

Schöningen und Hötensleben, um ihm die Erinnerungen an seine dramatischen Erlebnisse an der Zonengrenze von 1946 zu vergegenwärtigen.

Im Eisenbahnmuseum in Hattingen prüfte ich Angaben zu Zügen und Bahnhöfen. Im Gespräch mit Einwohnern von Schöningen konnte ich Details zur Topographie der Stadt und zu ihrer Bombardierung während des Krieges verifizieren.

Auskünfte in Norwegen verdanke ich den Mitarbeitern des Heeres- und Heimatfrontmuseums (Rustkammeret) in Trondheim, einem früheren Bürgermeister von Kvalsund sowie weiteren Gesprächspartnern vor Ort, von denen ich unter anderem erfuhr, wie ein flacher Lastkahn sich bei Unwetter auf See verhält. Weitere relevante Details verdanke ich der ausführlichen Lektüre der „Adresseavisen" aus dem Jahre 1946. Vor allem jedoch bin ich das Erlebte immer wieder in mehrstündigen Gesprächen gemeinsam mit meinem Vater durchgegangen.

Rudolf, Rudi, der Bruder meines Vaters, war in der DDR bei der Polizei beschäftigt, arbeitete jedoch auch als Journalist. Er wohnt jetzt in Senftenberg und hat sehr detaillierte Aufzeichnungen über seine eigene und Walters Kindheit gemacht. Ihm verdanke ich wichtige Informationen zu den Kindheits- und Jugendjahren meines Vaters und zum politischen Hintergrund.

Mit anderen Worten: Ich habe versucht, in meinen Aufzeichnungen so korrekt wie möglich zu sein.

Moss, den 14. Juli 1995
Gunnar W. Richter Johansen

Den obigen Text habe ich vor 14 Jahren geschrieben. Viel Zeit ist seither verstrichen. Ich ging für längere Zeit nach Westafrika, wo ich bis 2007 blieb. Nach der Heimkehr aus Afrika holte ich das Manuskript des „Soldaten, den niemand haben wollte" wieder hervor, entstaubte es und begann mit meinen Bemühungen, die Geschichte als Buch herauszubringen. In diesem Zusammenhang bin ich meinen Kollegen Torbjørn Aas und Lars Rune Debes zu großem Dank verpflichtet.

Moss, den 20. August 2009
Gunnar W. Richter Johansen

Kapitel 1

Walter lag in seiner Koje und fixierte die Stahlfedern des oberen Bettes. Die Federn griffen mit blaugrauen Krallen ineinander, und so manche Nacht hatten sie Walter den Schlaf geraubt mit ihrem quietschenden Jammern, hervorgerufen durch die Bewegungen des oben schlafenden Soldaten. Besonders in der letzten Zeit. Wie stellte man eigentlich solche Stahlfedern her? Denn sie waren im Grunde wohlgestaltet, eine glich der anderen, und in ihrer Verknüpfung teilten sie die auf ihnen ruhende Last. Wäre er Pfarrer, hätte er dies gleich an den Anfang einer guten Predigt stellen können, aber er war nun verdammt noch mal kein Pfarrer. Nein – er war Soldat, Obergefreiter in Norwegen am 8. Mai 1945, und sollte eigentlich irgendetwas fühlen, jetzt, da alles vorbei war.

Zusammen mit den zwölf anderen hatte er die „Scheinwerferstellung 6" in der Flakabteilung 702 gestellt. Nach seiner Ausbildung an der Rekrutenschule in Horten im Sommer 1942, war er fast die ganze Zeit über in Åsenfjorden gewesen, von wo aus die „Tirpitz" dann und wann einen Abstecher machte. Hier war seine Abteilung zur landgestützten Verteidigung des Schlachtschiffes eingesetzt. Als die „Tirpitz" einmal nach Nordnorwegen fuhr, war Walter einer von fünfzig Männern der Flakabteilung 702, die mit ihr in Richtung Norden abkommandiert wurden. So hatte er auch einen Winter in Nordnorwegen miterlebt, worüber er sehr froh war. Als das Schlachtschiff dann bei Håkøy mit dem Kiel nach oben schwamm, wurde die Abteilung nach Steinan verlegt, gelegen an einem Hang gegenüber Trondheim.

Im Fensterrahmen schwirrte eine halbtote Fliege. Er musste gleich an die „Weltliche Schule" in der kleinen Stadt Senftenberg denken – ein zweistöckiges Gebäude, das dort sicher seit Menschengedenken gestanden hatte. Dort hatte er mit den anderen Kindern diszipliniert in der Bank gesessen und im Großen und Ganzen die Anweisungen von Lehrer Barth befolgt. „Wenn ihr im Frühjahr eine Fliege tötet", hatte Barth gesagt, „dann tötet ihr Tausende von Fliegen gleichzeitig, denn Fliegen legen im Frühjahr ihre Eier." Und jedes Mal, wenn Walter im Frühjahr eine Fliege am Fenster platt drückte, musste er an die Worte von Barth denken.

Einmal hatte er eine Ente geschossen, sieben Tage lang hatte er dafür im Arrest gesessen. Nie war er in Lebensgefahr gewesen, nie hatte er einen Feind gesehen, von einem einzelnen englischen Flugzeug vor ein paar Jahren einmal abgesehen.

Er hatte Glück gehabt. Dem Einsatz in Norwegen konnte er wohl sein Leben verdanken. Gleichwohl war ihm nicht sonderlich froh zumute. Die Klassenbesten aus Senftenberg – vielleicht waren sie jetzt alle tot? Dann hätte es ihnen in diesem Leben auf Erden gar nichts geholfen, dass sie die Schnellsten im Rechnen waren, gerade Ränder in ihren Heften hatten und dafür von Barth gelobt wurden. Allein der Gedanke daran, dass er am Leben war, reichte nicht aus, ihn vergnügt zu stimmen. Sein Sohn war jetzt fast ein Jahr alt, und Gerd – die Mutter des Sohnes – hatte er zum letzten Mal vor einem dreiviertel Jahr gesehen. Die Gedanken daran schob er von sich. Sollte sie die Verantwortung haben! Er würde kein schlechtes Gewissen haben, nein. Schließlich hatte er ihr angeboten, sie zu heiraten. Trotzdem war es ein seltsames Gefühl zu wissen, dass irgendwo in diesem Land ein Junge heranwachsen würde, wahrscheinlich mit den gleichen O-Beinen wie sein Vater. Darf man so denken? Vier Söhne hatten seine Eltern Otto und Frida in den Krieg geschickt. Otto hatte nie viel geredet. Nachdem sein ältester Sohn Hans gefallen war, wurde er noch wortkarger. Zum Großvater hatte Walter eigentlich ein besseres Verhältnis gehabt. Zumindest redeten sie mehr miteinander, besonders über Kaninchen. Ob sie, die Kaninchen, den Krieg überlebt hatten? Ob er wohl „Hercules" wiedersehen würde, der im Jahre 1932 in Cottbus die Rote Schleife gewonnen hatte?

Plötzlich ging die Tür. Hans Rotmeier, Korporal und Walters Vertrauter seit den Zeiten an der Rekrutenschule, rief mit etwas unsicherer Stimme, dass unten in der Stadt geschossen werde. Walter zog seine Stiefel an und trat vor die Barackentür. Von dort bot sich eine gute Aussicht auf die Stadt. Bei dem klaren Wetter sah die Stadt aus wie immer, trotzdem meinte Walter, irgendeine Veränderung zu spüren. Die Stadt gehörte ja nun nicht mehr ihnen. Jetzt waren sie es, die sich vorsichtig bewegen mussten. Was das mit sich bringen konnte, wusste er noch nicht. Das Ende eines Krieges war stets bedrohlich für die Verlierer.

Im Sommer 1943 waren ihm bei einem Lehrgang in Pommern zum ersten Mal Zweifel am Endsieg gekommen. An einem Sommerabend hatten er und Hans Rotmeier am Rand eines Sportplatzes gesessen, als Hans sagte: „Wir werden immer den Idioten ausgeliefert sein. Bis sich etwas ändert." Was eine solche Veränderung beinhalten sollte, das war ihnen nicht ganz klar. Darüber sprachen sie auch nicht viel. „Überlasse das Denken den Pferden", hieß es, „die haben einen viel größeren Schädel."

Der Telefondiensthabende hatte in den letzten Monaten des Nachts den englischen Rundfunk abgehört. Tagsüber studierten sie die Deutschlandkarte und sahen, wie sich der Ring um Berlin immer enger schloss. Die meisten konnten eine Erleichterung angesichts des nahenden Endes schlecht verbergen. Das wurde einem der zählebigsten Nazis der Abteilung eines Tages zu viel.

War es pure Dummheit oder Sturheit, die seinen Fanatismus aufrecht erhielt? Walter war sich nicht sicher. Jedenfalls schrie dieser Nazi eines Abends, nachdem sie über Landkarten gebeugt die Kriegsentwicklung diskutiert hatten: „Verdammte Verräter! Ich werde euch allesamt weitermelden. Und wenn die Siegesglocken für Deutschland läuten werden, werde ich euch an dieses Gespräch erinnern. Dann ist es zu spät, um zu bereuen!" Im Grunde war es nichts Neues, dass er all jenen, die er für unzuverlässig hielt, mit Anzeige drohte. Und doch war etwas Furcht einflößendes an Leuten, die an Märchen glaubten und feuchte Augen bekamen, wenn sie sich selbst diese erzählen hörten.

Walter betrachtete Obermaat Hack, der neben ihm stand und zur Stadt hinüberblinzelte, wo laut vernehmlich mit 3,7 cm in die Luft geschossen wurde. Fast drei Jahre lang war dieser Winzling Walters unmittelbarer Vorgesetzter gewesen. Glatt und untertänig gegenüber seinem Vorgesetzten, unberechenbar und boshaft gegenüber allen, die ihm unterstanden. Genau wie in der Schmelzhütte des Stahlwerks Hattingen, wo er vor dem Krieg Schichtleiter gewesen war. „Es gibt viele Pferde, die intelligenter sind als er", dachte Walter. Gerade einmal drei Wochen war es her, da hatte Hack Walter befohlen, sich mit den Händen auf dem Rücken in eine Pfütze zu legen. Und beim Appell vor einigen Wochen hatte er gesagt: „Es gibt keine größere Tat für einen Offizier, als an der Front vor allen Soldaten den Heldentod zu sterben." Und dann war er der Einzige gewesen, der sicher und ruhig mit der Pistole im Anschlag die Straße entlangging, während die Soldaten in den Wald ausschwärmten. Jemand hatte nämlich einen Schuss gehört, und die Möglichkeit, dass er zum ersten Mal einen Feind erblicken könnte, hatte Hack so erschrocken, dass er es für richtig hielt, zu den Soldaten zu sprechen. Es galt, die Moral hochzuhalten. Hack war der Einzige, der nicht wusste, dass sein eigener Wachtposten den Schuss abgegeben hatte.

Aus dem Funkraum kam der Diensthabende mit einem Blatt Papier für Hack. Dieser stand inmitten eines Halbkreises, und Walter hatte den Eindruck, dass fast alle Unteroffiziere versammelt waren. Einige hatten die Hände in den Taschen der grauen Uniformhosen, andere beschatteten mit der Hand die Augen, um feststellen zu können, von wo aus denn in Trondheim geschossen wurde. Hack räusperte sich, hielt den Zettel vor sich und verlas mit seiner dünnen Stimme: „Alle, die Deutschlands Untergang mit Salut feiern, sind ehrenlose Schufte! Der Stadtkommandant." Dann sagte Hack nichts mehr und war wohl noch bleicher, als er es für gewöhnlich war. Und Walter bemerkte, dass die dünnen, blutroten Äderchen auf Hacks Wangen noch nie so deutlich hervorgetreten waren wie in diesem Moment. Hack hob den Blick und suchte wohl den Kommandanten irgendwo da unten. Natürlich war er mit dem Kommandanten einer Meinung, aber er hätte wohl gerne gewusst, was er mit denjenigen machen sollte und konnte, die trotz allem Salut schossen. Und wenn nun die hier versammelten Männer auch beginnen würden, in die Luft zu schießen? Dann sollten sie es verdammt noch mal mit ihm zu tun bekommen! Plötzlich jedoch machte Hack kehrt und ging zurück in die Baracke.

Walter war sich sicher, dass niemand Deutschlands Untergang mit Salut begrüßen würde. Gefeiert wurde indes die Erleichterung, dass sie überlebt hatten, dass nun Schluss sein würde mit den Hinterlistigkeiten der Vorgesetzten, dass sie endlich nach Hause zurückkehren würden. Die Veränderung war eingetreten. Und in solch einem Moment musste man ja eigentlich etwas empfinden. Walter war natürlich erleichtert, aber Hack war ja noch da. Und all die anderen Unteroffiziere auch. Die Gewehre und die Kanonen waren da. Alles war da. Mit dem Gefühl der Erleichterung ging eine gewisse Unsicherheit einher. Er erinnerte sich an etwas, was er an der Rekrutenschule lernen musste: „Selbstbewusst, aber doch bescheiden. Ehrlich und treu. So soll der deutsche Soldat dem deutschen Volk ein Vorbild der Manneskraft sein. Die Wehrmacht ist der Waffenträger des deutschen Volkes. Sie beschützt das Deutsche Reich und Vaterland, das im Nationalsozialismus und seinem Lebensraum vereinte deutsche Volk. Die Wurzeln seiner Kraft liegen in einer ruhmvollen Vergangenheit, im deutschen Volkstum, in deutscher Arbeit und deutscher Erde."

Einst hatte er all dies mit Begeisterung gesagt, aber das war lange her. Jetzt schossen viele Kameraden in die Luft, weil sie erleichtert waren, nicht länger ein Vorbild der Manneskraft sein zu müssen. Walter überlegte, wo der Kapitänleutnant der Propagandaabteilung gerade war. Was solche wie der jetzt wohl dachten? Vor etwas mehr als einem Monat hatte er ihre Einheit mit einem Vortrag besucht. Walter hatte zum Glück Postendienst, er glaubte also, dem Gefasel entgehen zu können. Aus irgendeinem Grunde hatte der Kapitänleutnant Walter angesprochen, und dieser hatte ihm erklärt, leider beim Vortrag nicht dabei sein zu können, da er Dienst habe. Nun, das machte doch nichts. Walter konnte doch schließlich vor dem offenen Fenster stehen und so den Dienst mit der kampfmoralischen Erbauung verknüpfen.

Der Kapitänleutnant redete sich in Form und versicherte, der Sieg stünde unmittelbar bevor. Gerade heute hätte eine neue Wunderwaffe den Engländern enorme Verluste beigebracht, der Krieg stünde vor einer Wende. Nichtsdestoweniger hätte jeder deutsche Soldat die Pflicht, bis zur letzten Patrone zu kämpfen. Der Kapitänleutnant hatte nicht viel Zeit, schaffte es aber dennoch, Walter zu fragen, ob ihm der Vortrag gefallen habe. „Jawohl, Herr Kapitänleutnant." Walter erinnerte sich, dass er darüber nachgedacht hatte, inwieweit der Offizier eigentlich selbst an das von ihm Gesagte glaubte. Nein, er wollte nicht mehr denken. Hatte irgendwer vielleicht einen Schnaps?

Die meisten der 13 Soldaten der Scheinwerferstellung 6 versammelten sich um den Tisch im größten Raum der Baracke, der sich ganz am Ende gegenüber dem Schlafsaal mit 12 Kojen befand. Obermaat Hack war der Einzige mit einem eigenen Zimmer. Sein Zimmer lag genau am anderen Ende der Baracke, gegenüber der Küche. Zwischen der Küche und dem Schlafsaal befand sich der Funkraum. Es wurde geraucht und Karten gespielt. Zu einer Diskussion kam es eigentlich nicht. Die Stellung der Vorgesetzten war unklar. Konnten sie einen immer noch in den Arrest stecken, wenn man etwas Falsches sagte oder konnte man nun getrost sagen: „Ihr könnt mich mal ...!"? Keiner wagte es, das so richtig auszutesten. Walter zumindest nicht. Er hatte sich stets in der Mitte gehalten. Das hatte er in der Rekrutenschule gelernt. Zu Anfang war er noch stolz gewesen, dass er immer der Schnellste war. Seine Schnelligkeit führte allerdings dazu, dass immer er es war, der zum Schießplatz zurücklaufen musste, wenn die Vorgesetzten etwas vergessen hatten. Fortan beschloss er, sich doch lieber in der Mitte zu halten. Eine Entscheidung, die er nie bereute.

Zwei Soldaten waren dabei, einen Holzkasten durch die Tür zu bugsieren. „Verleiht dem Rucksackkumpel das Eiserne Kreuz!", rief der eine außer sich vor Freude und schob den Kasten weiter auf das Bein seines Vordermannes. „Der Österreicher hat einen ganzen Kasten französischen Likör organisiert!" Den Spitznamen Rucksackkumpel hatte der Soldat aus Lech nie gemocht, aber er konnte dagegen kaum etwas ausrichten. Eine Art sozialen „Anschluss" an die Scheinwerferstellung 6 hatte er nie erlebt, aber das konnte sich ja nun nach Kriegsende als Vorteil erweisen. Wenn die Soldaten nach Hause entlassen werden sollten, würde man vielleicht zuerst die schicken, die keine Deutschen waren ... Am

Nachmittag war er nach Trondheim hinuntergeradelt, wo er in allem Chaos entdeckte, dass das „Verpflegungslager" freigegeben worden war. Zumindest hatte ihn niemand daran gehindert, einen Kasten mit 12 Flaschen französischem Likör mit sich zu nehmen. Der Frieden, der Untergang oder wie man es nun nennen mochte, bot große und kleine Möglichkeiten. Man musste sie nur entdecken.

Nun kamen auch die Notrationen zu ihrem Recht. Zwischen den Likörflaschen auf dem Tisch schimmerten als kleine Herrlichkeiten trockene Biskuits, harte Schokoladentafeln und Schinken aus der Konserve. Walter war der jüngste in dieser Gruppe grau gekleideter Soldaten, die Reste von Öl aus Sardinendosen in sich hineinschlürften, die an den Zigarettenkippen saugten, bis sie sich fast die Lippen verbrannten und die gierig von dem süßen Likör tranken. Hans Rotmeier kurbelte das Grammofon an; Marlene füllte den Raum mit Erinnerungen, und ihr Gesang drang durch die Rauchschwaden:

„Nun leb wohl, du kleine Gasse
Nun leb wohl, du stilles Tal
Vater, Mutter waren traurig
Und die Liebste sah mir nach."

„Noch einmal, Hans, spiel's noch einmal." Walter war gedanklich bereits zu Hause in Schwarzheide. Er legte das eine Bein auf den Stuhl, lehnte sich zurück, verschränkte die Hände im Nacken und schloss die Augen. „Jungs, was glaubt ihr, wie wird das, wenn wir nach Hause kommen? Geht mir gleich einer ab oder halte ich mit Lotte die ganze Nacht durch?" „Das weißt du doch selber am besten. Ist doch wohl nicht so'n großer Unterschied zwischen Lotte und all den Weibern in Åsenfjorden, die du gefickt hast." Walter richtete sich auf und sah Hack an, ohne ein Wort zu sagen. Selbst heute musste Hack seine Galle loswerden.

Der Likör war furchtbar süß, aber Schnaps war Schnaps. Hack starrte auf die Likörflasche vor sich auf dem Tisch und erwartete gar keine Antwort. Man ist vorsichtig, wenn man einem Vorgesetzten antwortet. In Walter stieg eine plötzliche Wut auf, die die guten Gefühle fortjagte. Er saß da und bewahrte sein Schweigen, war jedoch immer neugieriger, was da im Schädel von Hack so vor sich ging. Wie einfältig war er eigentlich? Als sie in Åsenfjorden stationiert waren, tauchte plötzlich ein Sanitätsoffizier auf und erzählte Hack, dass in der Abteilung eine unbestimmbare Krankheit ausgebrochen sei. Alle außer Hack mussten sich daraufhin nackt ausziehen und den Hintern in die Luft strecken, während der Sanitätsoffizier auf und ab ging, wobei er schrie, dass Onanie die Krankheit der Schwachen sei. Alle begriffen, dass hier ein Perverser seine Stellung missbrauchte – alle außer Hack, der stramm stand, als der Sanitätsoffizier aus dem Raum eilte.

Die Musik verstummte. Vielleicht war es die Stille, die Hack dazu brachte, laut zu denken. Es hatte den Anschein, er spräche mit der Likörflasche, die er in der Hand hielt: „Eigentlich bin ich doch mit den Kommunisten immer gut ausgekommen. Wieso sollte ich nicht nach diesem Scheißkrieg mit ihnen zusammenarbeiten können?" Alle außer ein paar Kartenspieler am Ende des Tisches sahen Hack an. „Mein Vater war Kommunist", sagte Walter und starrte Hack an. „Bei der BRAG AG in Schwarzheide arbeiteten etwa 4.000 Personen. Vater und ich waren zwei von ihnen. Eines Tages las ich am Schwarzen Brett, dass er verhaftet worden war. Mit solchen Nachrichten hielten sie einen auf dem Laufenden. Er wurde dann 1941 zu sechs Monaten verurteilt, wegen Verbreitung unwahrer Gerüchte. Hätte ich gewusst, dass Sie solche wie ihn mögen, hätte ich Ihnen früher von ihm erzählt." Jetzt wurde es still um den Tisch. Sogar am anderen Ende schauten sie verdutzt von ihren Karten auf. Was zum Teufel war in Walter gefahren? Hatte er nicht meist erst die große Klappe, wenn der Vorgesetzte ein Stück weg war?

Walter angelte sich eine Zigarette aus seiner Brusttasche. Er zündete ein Streichholz an und sog dann den Rauch bis tief in die Lungen ein. „Was Sie erzählen, überrascht mich", redete er weiter. „Noch vor vierzehn Tagen haben Sie wie wild zusammen mit dem Offizier von der Propagandaabteilung herumgeschrien, wir müssten bis zum letzten Mann gegen den Bolschewismus kämpfen. Jetzt wären Sie wohl zu gern der letzte Mann, der immer nur in der hintersten Linie marschiert ist!" Was in aller Welt war denn das? Hack erhob sich so plötzlich, dass der Stuhl umfiel: „Jetzt sind Sie verdammt noch mal zu weit gegangen, Walter Richter. Sie kommen vors Kriegsgericht. Noch besteht die deutsche Wehrmacht. Ich bin Ihr Vorgesetzter, Sie sind Soldat. Sie sind verhaftet!" Walter hatte sich reden hören, ohne seine Worte kontrollieren zu können. Er war nicht in der Lage gewesen, zwischen dem, was er dachte und dem, was er sagte, zu unterscheiden. Das konnte aber offenbar Hack und Walter überlief ein Schauer. Lieber Gott! Warum konnte er nicht seinen Mund halten, wenn er es doch bis jetzt geschafft hatte? Wollte er sich am letzten Tag alles zerstören? Er wich dem Blick von Hacks Pferdeaugen aus und starrte auf die Tischplatte.

„Herr Obermaat Hack." Hans Rotmeier sprach ruhig und bestimmt. „Wer soll denn Walter verhaften? Soweit ich verstanden habe, haben wir heute kapituliert. Und ich glaube kaum, dass die Norweger ihn erschießen würden, nur weil er behauptet hat, dass Sie das Weite suchen würden, sobald Sie einen Russen sähen." Hack wandte sich Hans zu, als ob er nun von zwei Seiten angegriffen würde. Er hielt Hans den Zeigerfinger unter die Nase und fauchte: „Vorsichtig, Hans Rotmeier, sonst werden auch Sie mit verbundenen Augen dastehen. Warten Sie nur, bis der Stadtkommandant mit seinen Leuten kommt, dann werden wir sehen, wer das Lachen auf seiner Seite hat. Euren Treueschwur, Jungs, dürft ihr dann langsam und deutlich dem Erschießungskommando vortragen." Dann drehte er sich um, machte einen kleinen, unsicheren Schritt und stampfte hinaus.

Hack stürmte in den Funkraum und rief das Stabsbüro des Stadtkommandanten an. Hier sollte verdammt noch mal ein Exempel statuiert werden. „Hallo? Hier Obermaat Hack, Scheinwerferstellung Nr. 6. Ich bitte um augenblickliche Verhaftung des Obergefreiten Walter Richter wegen Aufmüpfigkeit gegenüber dem Vorgesetzten. Schriftlicher Bericht folgt umgehend."

Es antwortete eine Stimme, die Hack nie gehört hatte: „Alle deutschen Einheiten haben heute kapituliert, das gesamte deutsche Kommando steht unter alliiertem Oberkommando. Folglich kann Ihrer Bitte nicht entsprochen werden. Morgen kommt ein Kapitänleutnant der Wehrmacht mit der Befugnis, den Transport der Abteilung ins Internierungslager nach Orkanger zu leiten."

Hack stand da und hielt den Telefonhörer noch in der Hand, als am anderen Ende schon längst aufgelegt worden war. Orkanger? Sollten sie bis dahin zu Fuß gehen?

Kapitel 2

Am nächsten Tag gab es genauso viele Gerüchte wie Soldaten. Die Diskussion am Tisch war sehr erregt. Ein Mann aus Elsass-Lothringen meinte, er würde wohl als nächster nach Hause geschickt werden, da er Bergmann sei. Denn er hatte gehört, dass die Kohlegruben als Erstes wieder in Gang gesetzt werden sollten. Außerdem war er – genau wie der Rucksackkumpel – kein Deutscher. Andere wussten zu berichten, dass sie von nun an wohl mit denselben Rationen auskommen mussten, die die russischen Gefangenen bekommen hatten. Und sie stopften ihre Rucksäcke voll mit Feldrationen und anderem Essbarem, das sie zur Seite geschafft hatten.

Als die Scheinwerferstellung Nr. 6 zum letzten Mal bei Steinan antrat, gab es auch nicht sehr viel mehr Informationen. Der Kapitänleutnant gab mit lauter Stimme seine Befehle. Die Scheinwerferspezialisten der Abteilung sollten zur Demontage der Anlage noch zurückbleiben, alle anderen hingegen sollten sich als Gruppe zum Hafen in Trondheim begeben. Von dort sollte sie ein Schiff ein Stück in Richtung Orkanger bringen, wo die Abteilung interniert werden sollte. Sämtliche Soldaten sollten ihre Gewehre behalten. Außerdem sollte die Abteilung ein Maschinengewehr mit 100 Schuss mitführen.

Walter hatte ein paar Konservendosen Schweinefleisch und eine Dose Kunsthonig. Diese packte er ganz unten in seinen Rucksack. Nach den vier Jahren des Soldatendaseins kamen diese Dosen fast Gegenständen persönlichen Eigentums nahe. Abgesehen von Gerds Foto besaß er nichts, was nicht der Marine gehört hatte. Das sollte jetzt vielleicht bald anders werden. Obwohl er kein Bergmann war, würde auch er eines Tages nach Hause kommen. Zum Glück gab es noch mehr Frauen als Gerd. Lotte war stolz gewesen auf ihre Jungfräulichkeit in jenem Sommer 1943, als er zu seinem einzigen Heimaturlaub in Schwarzheide war. Zusammen waren sie zum Fluss hinunter gegangen und hatten sich in der Sonne geaalt. Eine Art Nest hatten sie sich gebaut in dem hohen Schilf, aber obwohl niemand sie sehen konnte und Walter alle Register gezogen hatte, hatte Lotte ihre Jungfräulichkeit bewahrt. „Warte, bis du nach Hause kommst, Walter", sagte sie und knöpfte ihre Bluse zu. Ja, nun sollte er sich bald auf den Heimweg machen.

Die Scheinwerferstellung Nr. 6 marschierte in Reih und Glied hinunter nach Trondheim. Die stählernen Schuhbeschläge scharrten über den Schotterweg im Steindalsveien und die Rucksäcke baumelten seitlich von den grauen Soldatenrücken herunter. Walter musterte die Stiefelhacken seines Vordermanns: oben blank geputzt, unten dreckig. Wie weit konnte ein Soldat eigentlich zu Fuß marschieren? Falls seine Eltern, der Großvater und nicht zuletzt Lotte zu Hause in Schwarzheide gewartet hatten, könnte er es dann schaffen, bis dorthin zu Fuß zu gehen?

Der Helm wurde immer schwerer. Jedes Mal, wenn der Kinnriemen verrutschte, löste sich der Helm und schlug leicht gegen den Kopf. Das ärgerte Walter zunehmend. Er hatte richtig Lust, den Helm abzureißen und ihn ganz weit weg zu schleudern, so wie er es mit den Magazinen kurz vor dem Abmarsch getan hatte. Immer musste man etwas schleppen. Maschinengewehre, Munitionskisten, Benzinkanister. Falls jemand einmal fragen würde, was er im Krieg gemacht hatte, würde er antworten: Ich habe geschleppt. Auf keinen Fall jedoch würde er den verdammten Helm weiterhin schleppen Er schob das Kinn vor, löste den Riemen, zögerte einen Augenblick und warf den Helm in hohem Bogen in den Straßengraben. Alle hatten es gesehen, aber niemand sagte etwas. Nicht einmal Hack, der ganz hinten ging. „Alle deutschen Einheiten haben heute kapituliert, das gesamte deutsche Kommando steht unter alliiertem Oberkommando." Auch ihm war es nun scheißegal. Der Krieg war wirklich zu Ende. Nun nahm einer nach dem anderen seinen Helm ab und warf ihn fort. Ein Bild tauchte in Walters Erinnerung auf. In der dritten Klasse saßen seine Mitschüler und er mit Lehmklumpen in der Hand in der „Weltlichen Schule" und drückten sie mit ihren Händen wie einen Schneeball zusammen, ohne zu wissen, was sie daraus formen sollten. Plötzlich begann einer der Schüler, daraus einen flachen, runden Kuchen zu machen. Dann drückte er eine Vertiefung hinein und zeigte allen das Ergebnis – einen Aschenbecher sollte das darstellen. Die anderen taten es ihm gleich.

Als sie in die Nähe von Singsaker kamen, waren immer mehr Menschen zu sehen. Vor allem neugierige Kinder. Etliche Fahrradfahrer verweilten kurz, stützten das eine Bein auf den Rahmen und betrachteten dabei die vorbeimarschierenden Soldaten. Walter schaute auf die Häuser zu beiden Seiten der Straße. Hinter den Lattenzäunen wurde jeder Quadratmeter Erde zum Anbau von irgendetwas genutzt. Was für Menschen wohnten in diesen Häusern? In einem solchen Haus hatten auch die Eltern von Reidun und Anne gewohnt. Walter und Hans waren dort mehrmals zum Essen eingeladen gewesen. Reidun war Frontschwester und sprach perfekt Deutsch. Ihr Vater war eifriger Quisling-Anhänger und hielt während des Essens politische Vorträge, während Walter an den richtigen Stellen Ja sagte und Reidun unter dem Tisch leicht an der Wade berührte. Mit Reidun war es nie etwas geworden, ohne, dass er eigentlich wusste, warum. Vielleicht hatte ihm die Schwester besser gefallen? Der Vater hatte heute – im Gegensatz zum Rest der Stadt – nicht geflaggt. Nun ja. Walter und Hans hatten dort auf jeden Fall viel gutes Essen bekommen.

Walter hoffte, es würde keine Auseinandersetzung mit den bewaffneten, Armbinden tragenden Norwegern geben, die an den Ecken standen. Ihm schien, dass sie sich etwas zurückzogen, und war froh. Sie konnten ja gerne sein Maschinengewehr und die leeren Magazine bekommen, wenn er dafür nur schnell nach Hause käme. Unten am Kai im Strandveien lagen mehrere deutsche Frachter, von denen einer die für das Internierungslager in Orkanger vorgesehenen Soldaten aufnehmen sollte. Erst spät am Abend war das Schiff beladen, und es galt, einen Schlafplatz zu finden. Walter kroch hinunter in den Laderaum und fand eine Ecke, in der Schiffssäcke gefüllt mit Kleidung lagen. Er öffnete einen der Säcke und fand Hunderte zusammengepresste Matrosenschals. Der einzige Nutzen, den sie für einen deutschen Soldaten noch hatten, war der einer Schlafunterlage.

Walter wachte erst am nächsten Tag auf, hatte weder das Auslaufen aus Trondheim noch das Festmachen in Thamshamn mitbekommen. Am Kai wartete ein LKW, der einen Teil der Feldausrüstung mitnahm. Die Soldaten durften weiterhin ihre Gewehre tragen, als sie antraten, um zum Marsch nach Orkanger aufzubrechen.

Nach einigen Stunden Fußmarsch, kamen sie im Internierungslager Orkanger an. Eigentlich waren es zwei Lager, die zwischen Fluss und Straße in ca. 100 Meter Entfernung voneinander lagen. Jedes Lager hatte einen Sportplatz mit vier Baracken darum. Jedes fasste knapp 300 Mann und war schon voll besetzt, als die Scheinwerferstellung Nr. 6 ankam. Walter und seine Kameraden mussten also ihre Zelte aufbauen, auf einem frühlingsgrünen Rasen, genau neben der vorbeibrausenden Orkla. Hack leitete die Arbeit mit genau derselben lauten Stimme wie in alten Tagen. Als es an das

Austeilen der Päckchen mit Seife, Rasierklingen, Zahnpasta, Schuhcreme und Bürste ging, stellte sich heraus, dass für die 13 Soldaten nur 12 Pakete da waren. Hack übersprang Walter und teilte ihn obendrein zum Postendienst für die erste Nacht ein. Was sollte er dazu noch sagen? Man konnte den Bogen auch überspannen. Aber man wusste nicht, wo der Leiter des Internierungslagers zu finden war, ein über Nacht zum Leutnant ernannter Fähnrich.

Nach den ersten Nächten im Zelt gab es für die Scheinwerferabteilung Nr. 6 Platz in einer der Baracken in Lager I. Die Verpflegung während der Tage im Zelt war recht gut, denn alle kramten ihre verborgenen Leckerbissen hervor. Mit dem Umzug in die Baracke war es dann im Grunde auch vorbei mit den Leckerbissen, man war wieder bei der unverwüstlichen Nudelsuppe und bei Kommissbrot. Jeden Morgen bekam Walter seine Ration, die aus 20 bis 30 Gramm Schweinefleisch, 1 Liter Nudelsuppe und Kaffee-Ersatz bestand. Dazu gab es ein Kommissbrot, das man sich mit acht Mann teilen musste. Walter schlief mit weiteren 20 Mann in einem Raum. Die Männer in den acht Kojen, die längs der Wand standen, teilten sich ein Brot. Für das Aufteilen war Hans verantwortlich. Jede Scheibe Brot sollte möglichst genau 2,5 cm messen, Hans selbst bekam der Gerechtigkeit halber die letzte Scheibe.

Walter konnte selbst bestimmen, wann und wo er essen wollte. Oft stellte er sich seine Mutter mit dem Brotbrett zu Hause in Schwarzheide vor. Die guten Jahre vor dem Ausbruch des Krieges, als es an nichts gefehlt hatte. Die Brotscheiben waren damals dick und groß, beschmiert mit reichlich geronnenem Fett, mit Salz und Pfeffer obendrauf. Es kam auch vor, dass Otto zur Sahneschüssel schlich, nachdem Frida schon im Bett lag, und sich ein paar Mundvoll genehmigte. Das Sahneschlürfen seines Vaters und die Brotscheiben waren im Grunde sein Symbol des Wohlstandes. Jetzt hätte Walter gern zwei bis drei von diesen Brotscheiben zum Frühstück gehabt. Stattdessen saß er oft mit 20 Mann im Nebenzimmer der Küche, wo sie ein sogenanntes „Athletenfrühstück" einnahmen: eine Tasse Muckefuck und ein paar Zigaretten.

Die Soldaten bewachten das Lager selbst, ausgerüstet mit zehn K98-Karabinern und zehn Schuss für jedes Gewehr. Diese fast symbolische Bewaffnung war ein letzter Überrest des Krieges. An die Stelle des Exerzierens trat nicht minder langweilige Arbeit. Der Leutnant hatte entschieden, dass das Gelände zwischen den Baracken aufgeräumt und zu einem besseren Sportplatz umgestaltet werden sollte. Alle Soldaten bekamen Hacken und Spaten und sollten arbeiten. Die Arbeitslust war nicht gerade überwältigend und Walter arbeitete sich zusammen mit ein paar anderen langsam um die Ecke. Nach einer Viertelstunde waren nur etwa fünf bis sechs der eher Vorsichtigen zurück am Arbeitsplatz. Als der Leutnant das mitbekam, brüllte er: „Antreten!" Die Soldaten hasteten aus den merkwürdigsten Verstecken hervor. Nach alter Gewohnheit stellten sich alle fein säuberlich in Reih und Glied auf. Der Leutnant schaltete seine Donnerstimme ein und wetterte los, als ob es ihre Schuld gewesen sei, dass Deutschland den Krieg verloren hatte. „Rechts um, im Laufschritt marsch!!" Alle drehten sich um und machten ein paar Laufschritte, dann verfielen die vordersten ins Schritt-Tempo und blieben schließlich ganz stehen. Plötzlich begannen sie, laut zu pfeifen und zu buhen. Ermutigt von dem spontanen und unorganisierten Protest, brüllte eine gut in der Menge verborgene Stimme: „Jetzt ist aber Schluss, verdammt noch mal! Scher dich zur Hölle mit deinem Drill!" Walter konnte den Rufer nicht ausmachen, freute sich aber, dass einer den Mut aufgebracht hatte. Das war wie ein anonymer Brief, in dem man dem Empfänger eine unangenehme Wahrheit mitteilte. Und der Rufer konnte sich in der Menge hinter einem breiten, grauen Soldatenrücken wohl recht sicher fühlen. Der Leutnant wurde knallrot im

Gesicht. Im ersten Augenblick wollte er wohl etwas sagen, schluckte es dann aber buchstäblich hinunter und stampfte ins Büro zurück. Der Platz wurde dann zwar doch aufgeräumt, aber nur, weil die Soldaten Fußball spielen wollten. Mit irgendetwas mussten sie ja die Zeit rumkriegen. Und wer wusste, wie lange sie hier bleiben würden.

Die Tage im Lager glichen sich mit der Zeit immer mehr. Walter schickte einen Brief nach Hause – über einen Kameraden, der Ende August entlassen wurde. Das Heimweh nagte an ihm. Über seinem Bett machte er für jeden Tag ein Kreuz und konnte lange vor den Reihen mit den Kreuzchen sitzen und sich über alle bereits verstrichenen Tage freuen. Irgendwann würden es genug Kreuzchen sein, so dass er nach Hause fahren konnte. Die Kreuzchen waren direkt mit seiner Freiheit verknüpft. Käme er nach Hause, wäre Schluss mit der Ungewissheit. Er wusste ja einiges, und manches konnte er sich denken. Er wusste, dass vieles zerbombt und zerstört war. Aber was sollten sie ausgerechnet in Schwarzheide zerbomben? Die Brikettfabrik?

Als er an einem schönen Sommerabend des Jahres 1943 mit der Fähre von Warnemünde nach Trelleborg gefahren war, stand auf dem Achterdeck ein Soldat. Plötzlich, erinnerte sich Walter, begann dieser Soldat laut und herzzerreißend zu weinen. Walter sah den kräftigen Jüngling noch deutlich vor sich, wie er den Kopf beugte mit zitternden Schultern. Da kam ein Offizier hochgelaufen und rief: „Bringt den Mann unter Deck!" Der Soldat richtete sich auf, schaute an dem Offizier vorbei und sagte leise: „Verzeihen Sie, ich musste gerade an meine Eltern denken. Sie sind vor kurzem bei einem Bombenangriff ums Leben gekommen. Verzeihen Sie mir." Nun war es wenig wahrscheinlich, dass Schwarzheide bombardiert worden war, aber schließlich hatte er zwei Brüder im Krieg. Wie war es ihnen ergangen? Oder den Schwestern? Gitta war ja erst sieben Jahre alt, sie würde wohl jetzt zur Schule gehen. Hatte die Familie die kleinen Pakete erhalten, die er nach Hause geschickt hatte? Sogar ein kleines Fässchen Heringe hatte er geschickt. Es würde vielleicht noch fünf oder gar zehn Reihen mit Kreuzchen dauern, bis er etwas von zu Hause hören würde. Die Rückkehr nach Hause wirkte fern. Sehr fern.

Die Scheinwerferstellung Nr. 6 ging nun in der Menge der anderen Soldaten unter, und am meisten Freude bereitete es Walter, wenn sie in kleinen Grüppchen vor der Baracke saßen und einfach nur erzählten. In der Regel wurden Episoden und unglaubliche Geschichten erzählt. Einige davon konnten unmöglich wahr sein, aber das machte nichts. Es machte trotzdem Spaß zuzuhören. Einmal hatte Hans den Kameraden einen Bären aufgebunden und beim Frühstückstisch behauptet, dass alle Soldaten kahl geschoren werden sollten. Das sei eine Verordnung der Alliierten, von der Hans über einen Mitarbeiter des Leutnants zufällig Wind bekommen habe. Um den Tisch herum wurde es still und ein Bayer fuhr sich unwillkürlich mit den Fingern durchs Haar. Walter musste sich darauf konzentrieren, nicht zu lachen. Keiner konnte mit so einer Überzeugungskraft schwindeln wie Hans.

Als einer der Jüngsten hielt Walter sich etwas im Hintergrund. Erstens hatte er nicht so viel zu erzählen, zweitens gab es genug andere, die sich produzieren wollten. Walter zog es mehr auf den Fußballplatz. Er genoss es, an der Informationstafel seinen Namen unter den elf Spielern der Lager-Auswahl zu finden. Neben der winzigen lokalen Ehre, bedeutete der Platz in der Auswahl auch eine extra Portion Nudelsuppe. Und die konnte er gut gebrauchen. Eine Zeit lang war es unsicher, ob die Fußballspiele weitergehen konnten. Wenn Lager I gegen Lager II spielte, standen ungefähr

100 Zuschauer am Spielfeldrand, die jedoch einen Lärm für 1000 machten. Das freie Rufen und Anfeuern war ein neues und herrliches Gefühl. Es war nicht einmal der Enthusiasmus für eine der Mannschaften – nein, das laute Brüllen rührte ganz einfach von der vagen Erwartung einer besseren Zukunft her, von der Erleichterung, dass man daran teilhaben durfte. Nicht einmal ein großer Aushang im Lager vermochte es, dem Fußballlärm Einhalt zu gebieten. Einmal konnte man lesen, dass der Lärm die Einwohner des Ortes störte, und die Zuschauer wurden aufgefordert, sich zu beruhigen. Was zum Teufel hatten die Deutschen zu bejubeln? Darüber stand zwar nichts auf dem Aushang, man spürte es dennoch deutlich.

Fußballspiel in Orkanger

Das Varietétheater am Samstagabend war der absolute Höhepunkt der Woche. Für eine kleine Weile fühlte man sich dem Lager entrückt. In einer der Baracken hatte man eine Bühne aufgestellt und Platz geschaffen, so dass der Großteil der Soldaten in den

Raum hineinpasste. Einige besonders Geschickte von ihnen hatten sich mit der Ausgestaltung der Bühne große Mühe gegeben. Vom Querbehang über der Bühne bis zu seitlichen Bühnenvorhängen, war an alles gedacht. An die Wand hatte man zwischen Klavier und Schlagzeug die ersten Strophen des Liedes „Zwischen Shanghai und St. Pauli" geschrieben.

Bühne des Varietétheaters

Um einen guten Platz zu bekommen, musste man früh da sein. Wenn die Kapelle „Heimat, deine Sterne" oder „Sing, Nachtigall, sing" intonierte, legte Walter den Kopf hintenüber, schloss die Augen und stimmte mit all den anderen ein. Der Gesang bedeutete ein eigenartiges Zusammengehörigkeitsgefühl, besonders, wenn regionale Lieder angestimmt wurden. Die Jungs aus Schlesien etwa bekamen feuchte Augen, wenn sie sich erhoben und „Hohe Tannen weisen die Sterne" sangen.

Großen Applaus ernteten sowohl der Witzemacher, der Tänzer, der aufreizend wie eine Frau tanzte, als auch der Zauberer mit den Seilen. Die Stimmung änderte sich dann gegen Ende des Abends, wenn der stattliche Obermaat aus Saarbrücken folgendes Lied zu Gehör brachte:

„Schenk mir doch ein kleines bisschen Liebe,
Liebe sei doch ein bisschen nett zu mir.
Fühlst du nicht die inniglichen Triebe,
wie mein Herz verlangt nach dir."

Dieses Lied kam stets gegen Ende der Vorführung, ehe ein Leutnant mit seiner Violine den letzten Schlusspunkt setzte. Abgesehen von vereinzeltem Stuhlbeinscharren war es ganz still im Saal, wenn der Leutnant die Violine ansetzte und die ersten Töne des „Ave Maria" anstimmte. Walter studierte die Hingabe in seinem Gesicht. Der Leutnant war einer der Vorgesetzten gewesen, einer, der einem Soldaten das Leben versauern konnte und dies sicher auch getan hatte. Einer von denen, die ihre Privilegien hatten. Keinen Postendienst. Nie gefroren. Nie geschleppt. Weit weg war dieser Leutnant gewesen, jetzt kam er plötzlich ganz nah heran. Und Walter meinte, ihn fast zu mögen. Was er mit seiner Geige gab, konnte nur er geben. Die Musik schuf Wärme, eine Art Freude und Hoffnung. Dieser vorher ferne und gefährliche Vorgesetzte mit der Entscheidungsgewalt über Leben und Tod saß jetzt da und spendete großzügig Freude. Walter schloss die Augen und gab sich diesem Gefühl hin. Merkwürdig war das. Und phantastisch. Das Gefährliche war in etwas Gutes umgewandelt worden. Jetzt konnte er sich zusammen mit dem Leutnant sehnen. Etwas Sinnvolles verband sie.

Eines Tages im Oktober kam Hans Rotmeier und erzählte, dass im Hafen von Trondheim ein Arbeitskommando von zehn Mann benötigt wurde. Sollten sie sich melden? Walter war unsicher. Ging es ihm doch ganz gut hier in Orkanger, auch wenn die Eintönigkeit des Lageralltags ihn zuweilen belastete. Er hackte oft Holz und verfluchte die allgegenwärtigen Flöhe, die überall hinkrochen. Selbst seinen pelzbesetzten Wintermantel hatte er wegwerfen müssen. Ansonsten vertrieben sie sich die Zeit mit Reden und Skatspielen. Und die Kreuzchen über dem Bett vermehrten sich nur langsam. Wo hatte man die größten Chancen, möglichst bald nach Hause geschickt zu werden? Warum bloß war er kein Bergmann? Etliche von denen waren schon nach Hause gefahren, obwohl es Gerüchte gab, dass sie in französische Bergwerke geschickt wurden. Ob das stimmte, wusste Walter nicht. „Die Möglichkeit, etwas anderes als diese ewige Nudelsuppe zu essen und vielleicht sogar einmal eine Frau zu Gesicht zu bekommen, ist wohl Grund genug, sich zu melden?", fragte Hans. Eine Frau? Walter dachte an Lotte, sie war plötzlich so hoffnungslos weit weg, fast wie in einer anderen Welt. Da war der Trondheimer Hafen viel näher dran und hatte vielleicht mehr zu bieten. „Gut, wir melden uns", sagte Walter.

Kapitel 3

An einem klaren Herbsttag im Oktober nahm Walter Abschied von den Kameraden der Scheinwerferstellung Nr. 6. Er traf sie zufällig am Vormittag. Keine großen Worte, keine weinerlichen Abschiedsszenen, sondern ein kurzer Händedruck und alle guten Wünsche für die Zukunft. Zusammen mit Hans Rotmeier und einer Handvoll anderer Soldaten kauerte er sich auf einer LKW-Ladefläche zusammen, gut eingepackt in seinen Mantel. Die Fahrt von Orkanger zum Trondheimer Hafen war lang und kalt. Die Straße, in der sich das Barackenlager von Walter und Hans befand, hieß Stiklestadveien, zwischen Nidarholmsgata und Strandveien. So gut wie hier, hatten sie nie zuvor während des Krieges gewohnt. Zwei Mann auf der Bude – das war der pure Luxus. Das verhieß Gutes. Sie wurden nun ein Teil der Seetransportabteilung „Seetra" – zuständig für die Reinigung und Brennstoffversorgung der Schiffe, die für den Heimtransport der Soldaten benutzt wurden. Unten am Strandvei-Kai, wo Walter jetzt arbeitete, war immer etwas los. Er war dankbar für den Wechsel. Die Verpflegung war auch nicht übel, aber das Beste von allem, waren die vielen Möglichkeiten, etwas zu „organisieren". Man stahl nicht, man „organisierte".

Es war überhaupt nicht schwierig, Schnaps, Schweinefett, Fleisch oder warme Kleidung zu beschaffen. Aber das Wichtigste fehlte: Die Möglichkeit, aus der Baracke herauszukommen, um Mädchen zu treffen. „Wenn Mohammed nicht zum Berg kommt, muss der Berg zu Mohammed kommen", sagte Hans Rotmeier. Walter hatte den Sinn dieser Worte nie ganz verstanden, aber als

Hans ihm einen eigens für das Verstecken einer Person geschaffenen Hohlraum in seinem Sofa zeigte, begann ihm ein Licht aufzugehen. „Es kommt nur darauf an, das Ganze ein bisschen zu organisieren", sagte Hans.

Außerhalb des Barackenlagers gingen viele Mädchen umher, die mehr oder weniger feste Kontakte zu deutschen Soldaten im Lager hatten. Wenn es jedoch etwas gab, das die norwegische Militärpolizei in Rage brachte, dann war es eben dieses Treiben. Es war streng verboten. Viele dieser Mädchen waren vor einigen Monaten kahl geschoren und auf offenen Lastwagen dem Hohn und Gelächter der Leute preisgegeben worden. Dennoch gab es immer noch etliche Mädchen und Frauen, die – so die Militärpolizei – „kein Schamgefühl im Leibe hatten", weil sie sich in der Nähe der Baracken der deutschen Soldaten herumtrieben. Die von den Norwegern vorgenommenen Stichproben und Razzien führten nicht zu einem wesentlichen Rückgang. Norwegische Schuljungen schrieben es sich als verspäteten Kriegseinsatz zu, wenn sie Mädchen ausspioniert und der Militärpolizei gemeldet hatten, die sich ins Lager geschlichen hatten.

Denn wenn die Mädchen einmal im Lager waren, konnte man sie nicht so leicht entdecken. Ein Soldat, der sich aufs Tischlern verstand, hatte sich die Mühe gemacht, ein Stück Fußboden herauszuschneiden, ohne dass auch nur eine einzige Sägespur zu sehen war. Unter dem Fußboden war so eine Art Notkeller entstanden – einen guten halben Meter groß. Derselbe Tischler hatte auch einen riesigen Kleiderschrank mit doppelter Wand gebaut, in dem die Mädchen sich zur Not verstecken konnten.

Hinzu kam noch, dass stets einer der Soldaten „Mädchenwache" hatte, wenn Mädchen in der Baracke zu Besuch waren. Dieser Posten spazierte dann gemeinsam mit dem Polarhund „Twist" ruhelos hin und her, immer wieder um die Baracken herum. Wenn die Militärpolizei auftauchte, blinkte er mit der Taschenlampe. Da Twist dann auch noch jedes Mal bellte, wenn er einen norwegischen Soldaten sah, war das Warnsystem schon ganz beachtlich. Außerdem hatte Hans drei Fluchtwege aus den Baracken eingerichtet. Zum ersten Mal konnte er jetzt die auf der Rekrutenschule erworbenen Kenntnisse im Bereich Strategie in die Praxis umsetzen.

Walter gefielen die Momente, wenn sie Mädchenbesuch in der Baracke hatten. In der Regel saßen sie im größten Zimmer, ganz unten im Flur. Wenn ihnen der Alkohol zu Kopfe stieg, wurde die Stimmung lockerer. Die meisten Mädchen, die zu Besuch ins Lager kamen, kannte Walter nicht. Viele der Mädchen hatten früher einen festen Freund gehabt, diese Verhältnisse endeten jedoch durch den Heimtransport oder durch die Internierung. Da sie sowieso zu den von der Gesellschaft Ausgestoßenen gehörten, konnten sie wenigstens einen letzten Rest jener Zeit erleben, die sie gern für sich bewahren wollten. Wohin sollten sie denn sonst gehen? Hier lachte man gern, wenn auch manche dieses Lachen als freudlos bezeichnen würden. Zumindest saß man im selben Boot. „Es ist genug, dass jeder Tag seine eigene Plage hat", zitierte Sigrid die Bibel, wenn sie gefragt wurde, was sie denn jetzt vorhabe. Aufgewachsen in einem pietistischen Heim, war sie der große Schandfleck der Familie, weil sie sich mit den Deutschen einließ. Nun trank sie große Mengen und schob die Zukunft vor sich her.

Das Leben war nicht gerade zimperlich mit Sigrid umgesprungen. Das verfilzte Haar hing ihr über das faltige Gesicht. Es war eine Weile her, dass sie jung gewesen war. Sigrid grinste stets mit zusammengekniffenem Mund, um ihre braunen Zahnstümpfe zu verbergen. Die Soldaten konnten noch so besoffen sein, dass einer mit Sigrid verschwand, geschah höchst selten. Hier verlief die

Grenze. Trotzdem entbehrte sie nicht einer gewissen Autorität. Sie konnte reden und ihr Temperament war unbeschädigt. Als ihr Bruder ihr während des Krieges auf offener Straße nachgespuckt hatte, wurde sie so zornig, dass sie ihn ganz spontan bei den deutschen Behörden anzeigte. Danach hatte sie ihre liebe Mühe, ihn wieder freizubekommen.

Jetzt saß sie da und beobachtete die Annäherungsversuche, die sich am Tisch abspielten. Stets waren einige Stühle zu wenig da, einige Mädchen mussten also von vornherein auf dem Schoß sitzen. Alles begann fein und anständig. Wenn dann die Geschichten und Lieder kamen, wurde das Knutschen stellenweise etwas stärker. War die Paarverteilung klar, legte das Mädchen dem Soldaten den Arm um den Hals und lehnte ihren Kopf an seinen. Die Besoffensten von allen scherten sich nicht darum, ihre Küsse zu verbergen und johlten verzückt, wenn ihnen etwas ins Ohr geflüstert wurde. Walter spürte im Zigarettenqualm und dem Schummerlicht, dass er heute kein Glück haben würde. Die Mädchen waren in der Minderzahl. Alle anwesenden Mädchen saßen bereits auf gierigen Schößen, schrien durcheinander, gestikulierten wild mit den Schnapsgläsern und kleckerten dabei alles voll. Ein Paar nach dem anderen verschwand, und zu guter Letzt blieben Walter, Sigrid und Erik allein zurück. Den Erik hatte Walter in der letzten Zeit ein wenig kennen- und schätzen gelernt. Vielleicht, weil er auf seine stille und schelmische Art immer in Opposition zu den Vorgesetzten war. Das war ihm übrigens teuer zu stehen gekommen. Erik erzählte nicht sehr viel, aber so viel hatte Walter mitbekommen: Erik war während des Postendienstes eingeschlafen und daraufhin mit dem „Strafbataillon 500" an die Ostfront versetzt worden. Nach Abdienung seiner Strafzeit kam er nach Norwegen zurück. In einer Schublade in Eriks Zimmer hatte Walter neben dem Sturmabzeichen auch das Eiserne Kreuz 2. Klasse und das Verwundetenabzeichen gesehen. In Situationen wie dieser nun wurde Erik an die Ostfront erinnert, denn mit Frauen konnte er nichts mehr anfangen. Sigrid und Erik lutschten an ihren Kippen. Alle drei saßen gedankenversunken da und lauschten den schon gewohnten Lauten. „Dass sie dir da an der Ostfront auch die Eier abschießen mussten", sagte Sigrid und lächelte. „Ich bin mir nicht sicher, ob sie dir zu irgendeinem Nutzen hätten sein können", konterte Erik und lachte am lautesten von allen. Walter spürte, dass er müde war. Heute wurde es nichts, aber es würde neue Möglichkeiten geben. Der nächste Tag hatte für ihn Kohlenschippen und Saubermachen parat. Es war Zeit, ins Bett zu gehen. Aber bei Sigrid war die Grenze. Darin waren sich Walter und Erik einig.

Walter und Hans arbeiteten sich nicht gerade tot für die „Seetra". Es gab ja schließlich in der Welt interessantere Tätigkeiten als Kohle zu schippen. Es reizte sie viel mehr, neue Möglichkeiten des „Organisierens" zu erkunden. Sie hinterließen die Kohlebunkerräume halb leer, steckten sich Schnapskisten unter ihre riesigen Regenmäntel und bedienten sich bei günstiger Gelegenheit an der Ladung. Einmal wäre es fast schief gegangen. Als der Kranführer dem Kapitän meldete, wie viel Kohle er an Bord gehievt hatte, bekam der einen Wutanfall. Er hatte viel zu wenig bekommen! Der Kapitän inspizierte den Kohlebunkerraum, der auf den ersten Blick aussah, als sei er bis oben voll. Zu beiden Seiten klafften jedoch riesige Hohlräume, die diese faulen deutschen Schweine nicht gefüllt hatten.

Eines Tages legte ein kleiner Frachter aus Åsenfjorden an. Geladen hatte er Proviant aus verschiedenen deutschen Stellungen rund um den Trondheimsfjord. Die Ladung sollte in eine Art zentrales Lager am Kai in Trondheim überführt werden. Walter und Hans wussten, dass die Jungs an Bord ein gutes Leben mit schier unbegrenzten Möglichkeiten des „Organisierens" führten. Einmal gingen sie nach der Arbeit an Bord und fragten, ob es dort irgendetwas Essbares gebe, das die Soldaten an Bord entbehren konnten. Nein, so etwas hatten sie nicht. Nur für den Eigenbedarf. Nun gut. Walter und Hans sahen jedoch, wo die Herrlichkeiten gelagert waren. Da beschlossen sie, dass auch sie ihren Teil vom Kuchen bekommen wollten, auch wenn dies ein bisschen zusätzliches „Organisieren" erforderte. In der Nacht darauf weckte Hans Walter und sagte, alles sei vorbereitet. „Was ist vorbereitet?" Sie hatten sich ja über all die Herrlichkeiten unterhalten und ihrer Wut auf die geizigen Kollegen freien Lauf gelassen, aber von konkreten Plänen hatte Walter nichts gehört. Die Pläne schmiedete Hans insgeheim und ganz allein. Jetzt hatte er einen gummibereiften Zugkarren und ein Brecheisen rangeschafft. Walter zögerte etwas. Das könnte gefährlich werden. Trotz seiner Zweifel schwang er sich aus dem Bett und zog sich schnell an, denn im Raum war es kalt.

Es war eine nasskalte und nebelige Novembernacht. Walter war hellwach, als er dastand und zusah, wie Hans den beiseitegeschafften Karren herausbugsierte. Sie gingen den Stiklestadveien entlang, Hans vorneweg. Um auf das Hafengelände zu gelangen, musste man ein Pförtnerhäuschen im Strandveien passieren. Der norwegische Wachtposten dort schlief jedoch meistens. Er hatte sich einen kleinen Stuhl besorgt, auf dem er saß und schlief. Walter ging hinter Hans, und ihm war etwas mulmig zumute. Hans verlangsamte seinen Schritt nicht, sondern ging beherzt am Posten vorbei. Walter nahm im Augenwinkel eine zusammengesunkene Gestalt wahr, die sich in einen zusätzlichen Mantel eingewickelt hatte. Der Kopf des Postens war gegen die Wand gelehnt, so dass der Helm schief über das Gesicht kippte. Als Hans und Walter am Speicher am Ladehammerkai ankamen, schauten sie sich vorsichtig um. Walter kam jede Sekunde wie eine Ewigkeit vor. Heute befand er sich wirklich zum ersten Mal in „Feindesland". Er hatte größere Angst, als dies je während des Krieges der Fall gewesen war. Hans hingegen machte einen eher unbeschwerten Eindruck. „Es sind keine Posten aufgestellt", flüsterte er. Sogleich schlichen sie sich am Speicher entlang, der zur Kaimauer hin lag. Den Karren ließen sie an der Ecke zurück. Die Tür, nach der sie suchten, befand sich etwa in der Mitte des Speichers, die Türangeln waren auf der Außenseite in eine zum Teil morsche Holzwand eingelassen. Hans setzte das Brecheisen an die obere Türangel an und stemmte. Die knarrenden Geräusche nahmen sich in der Nacht für Walter wie Sirenen aus, er schaute sich ängstlich um. Er hatte das gleiche Gefühl wie damals in Schwarzheide, als sie beim Sattelmacher Eierpflaumen gestohlen hatten: die einige Sekunden währende, panische Angst, als er unter dem Baum stand und die Pflaumen herunterrüttelte.

Auch die untere Türangel ließ sich leicht lösen. Hans winkelte die Tür mit dem Brecheisen etwas an, ergriff sie mit beiden Händen und hob sie so weit nach oben, dass er bequem eintreten konnte. „Stell dich hierhin", flüsterte er Walter zu und verschwand in dem dunklen Viereck. Er holte eine Taschenlampe hervor und ließ den Lichtkegel über aufgestapelte Jutesäcke und Pappkartons gleiten. Hans riss einen Pappkarton auf und fand Konserven mit Schweinefett. Er suchte weiter, während Walter nur den einen Wunsch hatte: dass das Ganze schnell vorbei wäre. Er wäre auch nur mit Schweinefett zufrieden, wenn sie jetzt nur gehen könnten. „Beeil dich", mahnte er. Doch Hans hörte nicht, er suchte weiter. „Hier haben wir's", sagte er und zeigte mit der Taschenlampe auf einige größere Kisten in der Ecke. Darin waren Kunsthonig und Schweinefett. Sie griffen sich jeder eine Kiste und schwankten damit in der Dunkelheit Richtung Tür. Walter holte den Karren, und in wenigen Minuten hatten sie alles verstaut. Hans zog ihn, während Walter die gefährlich hoch aufgestapelten Pappkartons abstützte. Diesmal riskierte Walter nicht einmal einen Blick in Richtung Wachtposten, sondern ging mit geschlossenen Augen an dem kritischen Punkt vorbei. Zum Glück schnarchte der Norweger immer noch. Im Lager angekommen, brachten sie die kostbare Last im Pendelverkehr zwischen Karren und Zimmer schnell ans Ziel. Hans löste die Fußbodendielen, die Lagerkapazität darunter war enorm. Dann setzten sie sich jeder auf einen Stuhl und atmeten tief durch. Walter spürte, wie sein Puls sich normalisierte, und ein herrliches Gefühl aus Erleichterung und Freude ergriff ihn. „Vier Jahre im Krieg gewesen", sagte Hans, „und das spannendste Erlebnis ist es, einen Karren mit Schweinefett an einem Wachtposten vorbeizuziehen. Kein Wunder, dass sie keinem von uns das Eiserne Kreuz verliehen haben."

Die nächtliche Tour löste Freude in der Baracke aus. Nun hatte man den notwendigen Rohstoff, um hier vor Ort etwas Schnaps brennen zu können. Denn der Kunsthonig sollte beileibe nicht nur als Brotaufstrich dienen. An einem späten Herbstabend wurde das Ergebnis präsentiert. Anwesend waren auch Sigrid, Reidun und etliche andere Mädchen mit mehr oder weniger festen Freunden. Sie waren auf verschiedene Weise ins Lager gelangt. Die Party war in vollem Gange, als plötzlich Twist bellte und der „Mädchenposten" mit der Taschenlampe blinkte. Sigrid hatte dem Schnaps schon mächtig zugesprochen und schob den Soldaten zur Seite, der sie am Arm zerrte, um sie in den Kleiderschrank zu bugsieren. Sie hatte doch verdammt noch mal keine Angst vor der Militärpolizei! Hans riss die Fußbodenluke auf und stieß drei johlende Mädchen hinab in den dunklen Verschlag. Dann lief er um den Tisch herum, packte Sigrid unsanft unter den Armen und zerrte sie in Richtung

Kleiderschrank. Inzwischen hatte Walter die Tür geöffnet und die zweite Wand zur Seite geschoben. Er packte Sigrid und half, sie an ihren Platz zu bugsieren. Das entschiedene Zupacken hatte offensichtlich Eindruck auf Sigrid gemacht. „Jetzt hältst du die Schnauze und bewegst dich nicht", zischte Walter und manövrierte die Furnierwand wieder an ihren Platz.

Die Soldaten platzierten sich um den Tisch herum, schleuderten fix einige Spielkarten auf den Tisch und taten so, als ob sie mitten in einer Runde Skat waren. Da wurde auch schon die Tür von einem Hauptmann aufgetreten. Hinter ihm stürmten fünf Fallschirmjäger ins Zimmer, wie in einer einstudierten Kommandoaktion. „Wo sind die Mädchen?", rief der Offizier. Und wartete gar nicht auf eine Antwort, sondern begann sofort, den Raum zu durchsuchen. Die anderen stürmten hinunter in den Flur und durchkämmten jedes einzelne Zimmer. Das war schnell getan. Denn die Bewohner jener Zimmer wussten, dass heute die Mädchen im Zimmer von Walter und Hans waren. Sie hatten also kein Problem damit, überrascht zu tun, als die Norweger hereinstürmten, um mit den Gewehrläufen in den Sofadecken herumzustochern, unter die Betten zu schauen und die Wäsche aus den Kleiderschränken zu werfen. Der Offizier fühlte sich immer mehr provoziert. Er stellte sich mitten ins Zimmer von Walter und Hans: „Hört zu. Wir wissen, dass hier Mädchen sind. Uns wurde gemeldet, dass mindestens drei Mädchen ins Lager eingedrungen sind. Wenn sie nicht sofort herauskommen, werdet ihr verhaftet und nach Rotvoll gebracht." Er sah sich drohend um, und nach einigen Sekunden Pause meldete sich Hans mit gespielter Freundlichkeit und dünner Stimme zu Wort: „Herr Hauptmann, Sie haben doch selbst gesehen, dass hier niemand ist. Wo in aller Welt sollen sie denn sein? Da muss jemand falsch geguckt haben." Einer der deutschen Soldaten wurde etwas übermütig, als er den Zweifel im

Gesicht des Hauptmanns sah: „Vielleicht haben sie sich in Luft aufgelöst oder sich in die Wand gesetzt?", sagte er übertrieben höflich. Jetzt war das Maß voll. Der Hauptmann machte einen Schritt auf den Soldaten zu, der auf einem Holzstuhl saß. Plötzlich trat er so heftig nach dem Stuhl, dass das eine Stuhlbein wegbrach und der Deutsche auf dem Fußboden landete. Durch den Krach hatte sich Sigrid offenbar im Schrank bewegt, denn der Schrank schwankte leicht hin und her. Mit einem Satz war der Hauptmann am Schrank, riss die Tür auf, schob die Furnierplatte zur Seite und zog Sigrid an den Haaren heraus. Sie fluchte und schrie, was den Hauptmann noch wütender machte. „Ja, schrei nur, du verdammte Deutschenhure! Es wird noch mehr zu schreien geben in der nächsten Zeit. Wo sind die anderen?" „Nur ich bin hier", weinte Sigrid. Ihr Hochmut hatte sie verlassen. „Nur ich bin hier." „Nehmt die anderen drei auch mit", befahl der Hauptmann.

So mussten Walter, Hans und Erik mitkommen ins Quartier der norwegischen Militärpolizei. Zuerst wurde Sigrid verhört. Nach einer guten halben Stunde kam sie heraus und erzählte, sie müsse hundert Kronen Geldstrafe zahlen. „Wie soll ich denn das verdammt noch mal bezahlen?", fragte sie im Grunde sich selbst, als sie dann endlich gehen durfte. Walters Daten und die der beiden anderen waren schnell aufgenommen. Es war deutlich, dass der Hauptmann, der sie mitgenommen hatte, immer noch nach Rache sann. Überhebliches Grinsen von Deutschen hatte er genug erlebt. Sie bekamen für die Nacht eine kleine Zelle mit nur zwei Pritschen für drei Mann. Walter und Hans lagen Kopf an Fuß und waren sich schnell darin einig, dass es jetzt wohl mit den Mädchenbesuchen in der Baracke vorbei sei. Denn es war offensichtlich, dass der Hauptmann es ernst gemeint hatte, als er mit Rotvoll gedroht hatte.

Am nächsten Morgen durfte Erik ins Lager zurück, Walter und Hans hingegen mussten mit zwei norwegischen Soldaten in Richtung Lade fahren. Sie saßen zusammen mit Twist hinten auf einem kleinen Militär-LKW. In einer Kurve an einem Bach hielt der LKW. „Stellt euch hierhin!", kommandierte der eine Norweger grimmig. Der Hund schnüffelte noch ein wenig am Straßenrand, dann bekam er einen schnellen Schuss hinters Ohr. „So geht es euch, wenn ihr das nächste Mal Mädchen in der Baracke habt", sagte der Soldat und lud die Waffe mit einer ungestümen Bewegung nach. Walter lag eine scharfe Antwort auf der Zunge, hatte sich aber unter Kontrolle. Gerade in diesem Moment schien es Walter am klügsten zu sein, so zu tun, als ob er dem Norweger glaubte.

Kapitel 4

Anfang November wartete ein kleiner, brauner Briefumschlag von schlechter Papierqualität auf Walter. Er war in Schwarzheide abgestempelt. Walter hielt ihn mit beiden Händen vor sich und erkannte Mutters altertümliche Schrift. Sie war genauso verschnörkelt und undeutlich wie auf den Einkaufszetteln, mit denen er als kleiner Junge zum Kaufmann in der Bahnhofstraße gegangen war. So manches Mal mussten die jungen Verkäuferinnen Kaufmann Költzow um Hilfe beim Entziffern der Zettel bitten. Kaufmann Költzow setzte die Brille auf die Nase und fand stets heraus, was auf Frau Richters bescheidenem Einkaufszettel vermerkt war.

Das Wiedererkennen von Mutters Handschrift löste in Walter einen Strom der Freude und Spannung aus. Er schlitzte den Umschlag auf, und der Brief zitterte leicht in seiner Hand. „Mein lieber Junge." Es war klar, dass er immer noch der Kleinste von allen war. Mutter berichtete, dass beide Brüder am Leben waren. Rudolf war in Italien verwundet worden, wurde dann aber gegen Kriegsende ins Lazarett nach Senftenberg gebracht. Kurt war in Frankreich in Gefangenschaft geraten und weiter nach Schottland gebracht worden. Sowohl Lotta als auch Gitta ging es gut. Auch Vater ging es gut. Gleichwohl bat sie Walter, doch so lange wie möglich in Norwegen zu bleiben. „Hier gibt es nichts zu essen. Dein Vater mischt wieder in der Politik mit, und das Einzige, was der Krieg uns gebracht hat, ist eine größere Wohnung."

Die Nachricht, dass beide Brüder am Leben waren, half nicht gegen das Heimweh. Er sehnte sich nach den Kinoabenden, nach der Spannung beim Anstehen vor dem Kino, er sehnte sich nach dem See, in den er nach dem Fußballspielen hineinsprang, und er sehnte sich nach einem Zuhause, einem Ort, an dem er für immer bleiben konnte. Sein bisheriges Leben war von Unvorhersagbarem und von ständigem Aufbruch gekennzeichnet. Nie hatte er gewusst, was die nächsten Jahre bringen würden, seit seiner Kindheit war er stets Zeuge von Umwälzungen gewesen.

Otto Richter

1927 mussten sie die Wohnung in der Hüttenstraße in Senftenberg verlassen. Erinnerte er sich selbst daran oder waren es die Erzählungen? Sein Vater Otto war gelernter Maschinenschlosser im Braunkohlewerk der Stadt. Die Familie Richter war genauso arm und hatte die gleiche Angst vor der Arbeitslosigkeit wie die meisten anderen Familien. Der Vater hatte in späteren Jahren immer wieder den Zusammenhalt und die Solidarität in der kleinen Bergbaugemeinde

gelobt. Trotzdem war der Zusammenhalt nie so stark, als dass sich nicht ein Streikbrecher fand, der wieder zur Arbeit zurückkehrte. Wenn die Solidarität tatsächlich so stark gewesen war wie von Vater dargestellt, warum mussten sie dann am Ende doch die Hüttenstraße verlassen? Diese Fragen stellte Walter natürlich nie, aber er konnte sich des Eindrucks nicht erwehren, dass das Bild der

Solidarität mit zunehmendem Alter des Vaters immer glanzvoller wurde.

Als aktiver Sozialist war Vater bei der Organisation vieler Streiks dabei. Sein politisches Engagement begann 1918 als junger Marinesoldat in Kiel. Er hatte gesehen, wie seine Freunde Öl ins Wasser kippten, rote Fahnen hissten und es ablehnten, mit ihren Schiffen auszulaufen, die dann von der englischen Marine versenkt wurden. Otto war in den zwanziger Jahren aktives Mitglied der Spartakus-Bewegung, stets leicht zu bewegen, die Interessen der Arbeiter des Braunkohlewerkes im Streikkomitee zu vertreten. Im Jahre 1927 erlitten die Arbeiter eine bittere Streikniederlage. Das führte dazu, dass Otto Richter nebst Familie aus der betriebseigenen Wohnung in der Hüttenstraße hinausgeworfen wurde und eine 2-Zimmer-Kellerwohnung beziehen musste. Die Erinnerungsbilder aus dieser Zeit waren, wenn auch noch so bruchstückhaft, vorhanden. Am deutlichsten erinnerte sich Walter an Vaters Mandoline. Wenn sie sich abends hingelegt hatten, nahm Vater oft die Mandoline und sang mit den Kindern. Seine Baritonstimme strahlte Ruhe aus. Walter verstand zwar die Texte nicht, aber später verstand er, dass es kein Zufall war, dass er und seine Brüder auf die „Weltliche Schule" geschickt wurden. Keines der Kinder dort kannte so viele Arbeiterlieder wie Walter und seine Brüder, und keiner kannte so wenige Kirchenlieder.

Der Vater hatte sich nie um Walters Schulbesuch oder um eine Lehrstelle gekümmert. Als Sohn hatte er im Allgemeinen Vaters Anweisungen befolgt. Nur Hans konnte vorsichtig mit Vater diskutieren. Walter konnte sich nicht erinnern, dass Frida jemals ihrem Mann widersprochen hätte. Einmal jedoch hatte Walter Mutter seufzen hören. Gleich nach der Machtübernahme durch die Nazis 1933, stürmte eine Gruppe braun gekleideter SA-Männer in die Kellerwohnung von Otto und Frida, wo Walter in einem Zimmer zusammen mit Rudi und den zwei kleinen Schwestern schlief. Alle wurden hochgejagt. Walter erinnerte sich, wie er im Hinterhof barfuß in seinem langen Nachthemd neben Rudi stand. Etwas später kam Mutter heraus – nur halb bekleidet, das lange, grau-schwarze Haar fiel über die Schultern. So zeigte sich Mutter für gewöhnlich nie auf der Straße. Die Schwestern und Walter hielten sich dicht bei der Mutter. Es war gut, ihre schützende Hand zu spüren. Rudi, der schon 13 war, kam auch langsam näher an Mutter heran. „Warum machen die das?", fragte Gitta. „Pssst!", sagte Mutter und drückte sie noch fester an sich. „Gleich gehen sie."

Walter wusste nicht mehr, wie lange sie dort frierend gestanden hatten, aber er wusste, dass die Braungekleideten Vaters altes Fahrrad mitnahmen. Mühsam hatte er es aus alten Teilen zusam-mengeschraubt und -geschweißt. Sie nahmen auch die Stempel und die Stempelkissen mit, mit denen Walter und Rudi gespielt hatten. Das Schlimmste war jedoch, dass sie Vater mitnahmen. Er durfte sein Rasierzeug einpacken, und Frida steckte ihm eine Büchse mit etwas Brot zu, als er ging. Vater hatte so klein ausgesehen zwi-schen den mit Koppeln und Knüppeln ausgestatteten uniformierten SA-Männern.

Frida musste gewusst haben, wohin sie Vater brachten, denn Walter ging am nächsten Tag zusammen mit Mutter zur Schule. Sie erzählte, dass Otto im Turnsaal der Schule zusammen mit den anderen Kommunisten und Sozialdemokraten Senftenbergs inter-niert war. Sie erklärte, was das Wort „interniert" bedeutete und versprach Walter, dass Vater bald wieder zu Hause sein würde. Da hörte Walter zum ersten und letzten Mal ein verzweifeltes Seufzen: „Warum kann er nicht den Mund halten und die Politik sein las-sen?", murmelte Mutter vor sich hin. Mutter und Walter trennten sich vor dem Schultor. Es war ja etwas peinlich, zusammen mit seiner Mutter zur Schule zu kommen. Mit gesenktem Kopf ging er in das rote Backsteingebäude hinein und glaubte, viele Blicke in seinem Nacken zu spüren. Er lief die blaugraue Steintreppe hoch und vermied es, den Blick auf den Turnsaal auf der anderen Seite des Schulhofs zu richten. Dorthin war Frida unterwegs – mit einer Wolldecke, denn auf einer Strohunterlage konnte es leicht zu kalt werden.

Wie doch ein einziger Brief so viele Erinnerungen wecken konnte. Er versuchte, das Bild von Vater im Gedächtnis zu speichern. Nach einigen Wochen kam Vater wieder nach Hause, und Walter versuchte fortan, ihm gegenüber loyal zu sein. Er weigerte sich zum Beispiel eine Weile, der Hitlerjugend beizutreten, doch der Widerstand erlahmte bald. Die Jungen, die nicht in die nazistischen Kinder- und Jugendorganisationen eintreten wollten, mussten sich in der Schule melden und dort die Schularbeiten erledigen. Das ging ein paar Mal, aber nicht nur war die Versuchung zu groß, Walter begann auch daran zu zweifeln, ob Vater wirklich recht hatte. Nun diskutierte Otto nicht mehr mit Walter, und musste sich selbst eingestehen, dass es ihnen gut ging. 1937 zogen sie zu allem Luxus in eine neue Wohnung ein: vier Zimmer, ein großer Garten mit Platz für Hühner, Schweine und Kaninchenkäfige. Vater konnte sich sogar ein Radio leisten. Auf dem Dach montierte er eine so große Antenne, dass einige Nachbarn meinten, er müsse ein Spion sein. Vielleicht war Vater einfach nur stur. Zumindest dauerte es nicht lange, da bekam auch Walter seine HJ-Uniform, und es machte ihm mehr Spaß, zu Trommelklängen im Takt zu marschieren als im Klassenraum über Rechenaufgaben zu schwitzen. Frida half Walter beim Bügeln des Uniformhemds, aber Otto blieb stumm.

Drei Jahre ging Walter auf die „Weltliche Schule" in Senftenberg, dann wurde die Schule geschlossen. Walter erinnerte sich, wie der alte, freundliche Klassenlehrer Selig den Klassenraum ausräumte. Aus dem riesigen, grauen Schrank holte er Blätter und Schreibblöcke hervor und verteilte sie an die hüpfenden und johlenden Schuljungen, die sich dicht um ihn scharten. Selig strich Walter über den Kopf und steckte ihm ein Blatt mit einem Gedicht zu. Es hieß „Vaters raue Hände". Erst viele Jahre später verstand Walter, was es bedeutete.

In der neuen Schule gab es nicht viel Raum für Streicheleinheiten. Wenn der Lehrer mit den Schulbüchern in der einen und dem Rohrstock in der anderen Hand den Raum betrat, verhieß das Unheil. Walter konnte sich noch so viel Mühe geben, es war stets irgendetwas mit der Handschrift oder mit den Rechenaufgaben falsch. Allmählich lernte er, mit den Hieben auf die Finger zu leben.

Schlimmer war es 1937, als Walter in eine neue Schule in Schwarzheide kam. Hierher war die Familie gezogen, als Otto eine neue Anstellung als Schlosser in einer Fabrik bekam, in der aus Braunkohle Benzin hergestellt wurde. Im Religionsunterricht entdeckte der Lehrer, dass Walter nicht mitsang. „Meine Familie und ich gehen nicht in die Kirche", sagte Walter leise und schaute dabei auf den lackierten Parkettfußboden. „Wir gehören zur deutschen Glaubensbewegung". „Interessant", sagte der Lehrer mit verstellter Freundlichkeit und stolzierte mit erhobener Brust durch die Bankreihen. Einen Meter vor Walter blieb er stehen, nahm die Hände auf den Rücken und beugte sich vor: „Woran glaubst also du und deine Familie?" Walter wagte es nicht, sich umzusehen. In der Ecke hörte er jemanden kichern. Was sollte er antworten? Denn woran die deutsche Glaubensbewegung glaubte, das wusste er ganz einfach nicht. Er wusste nur, dass Vater nicht an Gott glaubte, aber das traute er sich hier nicht zu sagen. Sollte er sagen, dass Mutter dann und wann in die Kirche ging? Dass die Großmutter viel Eigenartiges aus der Bibel erzählt hatte? Nein. Er blieb stumm, ihm kam es wie eine Ewigkeit vor, wie er da stand und die Linien auf dem Fußboden musterte. „Was hast du denn während der Religionsstunden in Senftenberg gemacht?", fragte der Lehrer weiter mit künstlichem Interesse. „Ich habe den Blasebalg bedient", antwortete Walter leise und spürte, dass seine Wangen heiß wurden. „Gut", rief der Lehrer, machte eine halbe Drehung, während er mit dem Arm schwenkte, als ob er jemanden vorstellen wollte, der gleich auftreten würde: „Hier haben wir doch wahrhaftig das große Glück, einen gelernten Orgelbläser vor uns zu haben!" Walter setzte sich umgeben von Gelächter und wünschte, Vater möge wie andere Leute auch in die Kirche gehen.

Walter saß alleine im Zimmer mit seinem Brief. Er legte ihn auf den Tisch und betrachtete ihn. Mutter hatte ihn einmal gefaltet. Er wusste, das Schreiben dieses Briefes hatte Mutter einiges gekostet. Die Sätze gingen ineinander über, aber Walter wusste zu gut, wann der eine Gedanke fertig war und der nächste begann. Die Botschaften waren auch ohne Punkte und Großbuchstaben erkennbar. Und Walter musste an einen anderen Brief denken. Der lag an einem Novembertag 1941 auf dem Küchentisch, als er aus dem Labor des Braunkohlewerks nach Hause kam. Mutter, der Großvater und die zwei Schwestern saßen um den Küchentisch versammelt. Mitten auf dem Tisch lag ein gelbbrauner Brief mit dem Wehrmachtsadler drauf. Kurz und bündig wurden Frida und Otto Richter davon in Kenntnis gesetzt, dass ihr Sohn Hans bei Moskau den Heldentod gestorben war. Seine persönlichen Gegenstände befanden sich in einem Leinsäckchen: fünf belichtete Filme, ein Fotoapparat und sein Tagebuch. Auch das Portemonnaie war da, zerrissen von denselben Granatsplittern, die Hans ein Bein abgerissen hatten.

An die Trauerreaktion des Großvaters erinnerte sich Walter noch sehr deutlich. Nie hatte er Mutter, Vater oder den Großvater weinen sehen. Nun saß der alte Mann am Ende des Tisches, das Gesicht in den Händen vergraben, gab heisere Schlucklaute von sich und rang nach Atem. Der Vater war in den Garten hinter dem grauen Vierfamilienhaus gegangen, angeblich um nach den Kaninchen zu sehen. Erst spät am Abend kam er zurück – stumm und aschfahl im Gesicht.

Kapitel 5

Kurz vor Weihnachten wurde Walter ins Büro von Leutnant Rudolf gerufen. Er war einer der Chefs der „Seetra". Walter hatte ihn etliche Male gesehen und auch bereits bei Gelegenheit einige Worte mit ihm gewechselt. Und es war immer der Leutnant, von dem die Gesprächsinitiative ausging. Walter kam etwas ins Stutzen über das persönliche Interesse des Leutnants an ihm. „Was von zu Hause gehört? Gut, also beide Brüder am Leben? Das freut mich." Der Leutnant stellte seine Fragen immer sanft und freundlich.

Leutnant Rudolf saß hinter seinem kleinen Schreibtisch, als Walter eintrat. Der Leutnant wies auf den Holzstuhl und legte seine Pfeife in den Stahlaschenbecher neben der Schreibmaschine. Abgesehen von ein paar in einem kleinen Stapel geordneten Papieren und ein paar Stempeln, die an einem schwarzen Metallständer hingen, war der Schreibtisch leer. Ebenso verhielt es sich mit den Wänden. Keine Propagandaplakate. Kein Bild des Führers. Nur die einfachen, grauen Holzwände. Der Leutnant lächelte freundlich. Walter fand, er sah müde aus auf seinem Stuhl, obgleich er jetzt den Rücken gestreckt hatte. Leutnant Rudolf legte die Arme in den Schoß, sah Walter an und fragte, ob es ihm bei der „Seetra" gut ginge. Das konnte Walter zweifelsfrei bejahen. Ob er denn Ahnung vom Kochen hätte. Er suchte nämlich noch einen Mann für die Küche. Nun war Walter alles andere als ein Koch, aber er spürte intuitiv, wann er ein Angebot annehmen sollte. „Der Küchendienst hat mir immer mit am besten gefallen", antwortete Walter und sah den Leutnant an. „Ausgezeichnet, dann melde ich Zahlmeister Müller, dass er ab Montag einen neuen Mann bekommt."

Walter stützte sich auf die Armlehne des Stuhls und wollte sich erheben. „Einen Augenblick", sagte der Leutnant und hob etwas unsicher seine Hand. „Darf ich so persönlich sein und Sie duzen?" Walter empfand eine Mischung aus Freude, Schmeichelei und Neugier. Der alte Offizier mit den weißen, dünnen Haaren strahlte eine Fürsorglichkeit aus, die beruhigend auf ihn wirkte. Das, was der Leutnant zu sagen hatte, konnte folglich kaum etwas Unangenehmes sein. Das spürte Walter. Der Offizier wendete den Blick von Walter ab und fixierte die Tischplatte. Er wand sich auf seinem Stuhl, ohne etwas zu sagen. Als er endlich das Schweigen brach, meinte Walter einen anderen Klang in der Stimme ausmachen zu können, einen müden Unterton. „Heute wäre der Geburtstag meines Sohnes, und er wäre genauso jung wie du. Wie viele andere auch, Walter Richter, wird er aus dem Krieg nicht nach Hause zurückkehren. Auf dich bin ich aufmerksam geworden, weil du meinem Sohn so unglaublich ähnlich siehst." Dann schwieg Leutnant Rudolf und schaute durch das kleine Fenster hinaus in das Dunkel des Nachmittags. Er widmete sich erneut dem Schreibtisch und zog die oberste Schublade auf, lächelte Walter an und nahm ein kleines Päckchen heraus. „Erlaube, dass ich dir ein Geburtstagsgeschenk zur Erinnerung an meinen Sohn mache." Walter nahm das Päckchen und steckte es in die Jackentasche. „Vielen Dank, Herr Leutnant." Er wusste nicht, was er noch sagen sollte. Es blieb einige Sekunden völlig still.

Walter stellte sich vor, wie es wäre, einen Sohn zu verlieren. Rein intellektuell verstand er, dass es schwer und traurig sein musste, aber trotz aller Konzentration war es ihm unmöglich, etwas zu fühlen. Das Bild von seinem eigenen Sohn tauchte auf, wie er auf dem Wickeltisch auf Undlien lag. Walter hatte seinen Finger in die winzige Hand gesteckt und überlegt, was dieses kleine Baby wohl mit seinen großen Augen sah. Was konnte es sehen? Erkann-

te es Laute wieder? Walter hatte einen gewissen Trost darin empfunden, dass es einige Zeit in Anspruch nahm, eine gefühlsmäßige
Bindung zu einem Kind zu entwickeln. Einerseits spürte er auf
wundersame Weise, wie der kleine Mensch, der seinen Finger
umfasste, im Stande war, Gefühle bei ihm entstehen zu lassen.
Andererseits war die Zukunft ohne jede Hoffnung. Es war viel zu
kompliziert, im Krieg ein Kind zu bekommen. Er würde wohl
dieses Kind vergessen können, ohne dass ihn zu viele Gedanken
quälten. So war es nun mal. Aber wären er und sein Sohn 21 Jahre
lang zusammen gewesen, hätte wohl auch ihn die Trauer nieder-
geschmettert.

Leutnant Rudolf schaute immer noch in das Dunkel hinaus und
sagte dann mit fester und fürsorglicher Stimme: „Falls du nach
dem Krieg keinen Ort hast, an den du zurückkehren kannst, Walter,
denk daran, dass du bei uns im Harz immer willkommen sein wirst.
Es war eigentlich meine Frau, die auf die Idee kam, dir im Namen
unseres Sohnes ein Geschenk zu machen." Nun fand der Leutnant
wohl, es würde zu persönlich, oder er wusste nicht mehr, was er
sagen sollte, jedenfalls erhob er sich plötzlich und reichte Walter
die Hand. Walter verließ das Büro aufgewühlt und ermutigt. Vor
allem aufgrund des Mitgefühls des Leutnants, aber auch wegen der
Gewissheit, dass das Leben noch vor ihm lag, und dass der Verlust
seines eigenen Sohnes nichts war im Vergleich zu dem Verlust,
den der Leutnant erlitten hatte.

Kapitel 6

Mädchenbesuch in der Baracke gab es praktisch nicht mehr. Die wütenden norwegischen Soldaten hatten Walter und Hans Angst eingejagt. Keiner von ihnen hatte Lust, in Rotvoll zu landen. Trotzdem war der Gedanke, pausenlos in der Baracke zu hocken, nicht zu ertragen. Hans kannte ein paar Spezialisten, die in dem großen U-Boot-Bunker arbeiteten und dadurch das Privileg genossen, in Zivil zu gehen. Eines Tages erschien Hans mit einer dreiviertellangen U-Boot-Jacke aus echtem Fell mit doppelter Knopfleiste. Außerdem hatte er Zivilhosen dabei, Hemden und Pullover. Wogegen er das eingetauscht hatte, erfuhr Walter nie. „Bereit zum ersten Ausflug in die Stadt?", fragte Hans und hielt die U-Boot-Jacke hoch.

Dieser erste Ausflug an einem Sonntagnachmittag vor Weihnachten ging sehr vorsichtig vonstatten. Der Schnee knirschte unter den Stiefeln, sie gingen den Jarleveien hinunter in Richtung Lade und bogen dann zur Nidelv-Brücke ab. Walter hatte den Eindruck, dass alle Passanten sie misstrauisch musterten. Sie wagten es auch nicht, miteinander zu reden. Als sie sich der Nidelv-Brücke näherten, wurden es für Walters Geschmack zu viele Menschen auf dem Bürgersteig und er wollte zurück ins Quartier. Das konnte doch nie gut gehen. „Wir können hier auf dem Bürgersteig nicht einfach ohne Grund kehrtmachen", sagte Hans leise und schaute vor sich hin. Hans' deutliche Nervosität machte es Walter nicht leichter. An der nächsten Kreuzung bogen sie nach links ab, ohne zu wissen, wohin der Weg führte. 50 Meter weiter schauten sie sich um. Hier war keiner. Und sie machten kehrt und gingen denselben Weg zurück. An der Ecke zum Stiklestadveien beschleunigten sie ihre Schritte und verfielen auf den letzten Metern zu ihrer Baracke fast in den Laufschritt. „Ich glaube, es ist besser, wir gehen jeder einzeln", sagte Hans, „deine Angst ist ja ansteckend."

Es dauerte jedoch eine Weile, ehe Walter wieder Lust auf einen Ausflug bekam. Auch die Drohrufe und geballten Fäuste junger Norweger, wenn Walter und seine Kameraden mit dem LKW durch die Stadt fuhren, trugen dazu bei, dass sich die Lust auf Ausflüge in Grenzen hielt.

In der Unterkunft nahm das Leben seinen gewohnten Lauf. Kartenspielen, schlafen, aber vor allem nachdenken. Eine neue Form der Abwechslung war „Unra Mutti". Eines Morgens war plötzlich eine ältere Dame an der Baracke vorbeigekommen, die einen Korb bei sich trug. Sie stellte diesen mit einer kurzen, knicksenden Bewegung ab und ging weiter, ohne nach rechts oder links zu schauen. Als Hans den Korb auf den Tisch gestellt hatte, fanden sie Erdnüsse, grüne Gurken und einen Butterklumpen darin. „Tun wir ihr leid?", fragte Walter. „Wohl kaum", sagte Hans, „sie will tauschen." Damit stopfte Hans Laken, ein paar Wolldecken und einige Handtücher in den Korb und stellte ihn wieder raus. Das war der Beginn des anonymsten Tauschhandels, den der Stiklestadveien je gesehen hatte. Etwa jede zweite Woche kam die alte Dame zur Baracke hinunterspaziert, stellte dort wie zufällig ihren Korb ab und ging weiter. Nach einer halben Stunde kam „Unra Mutti" zurück und nahm den Korb wieder mit, als hätte sie ihn aus Versehen dort abgestellt.

Etwa einen Monat später unternahm Walter einen neuen Versuch, in die Stadt zu gehen. Diesmal wollte er die Familie von Reidun und Anne auf Hammersborg besuchen. Walter fand, er sah

richtig norwegisch und zivil aus mit seinen Skistiefeln, der Lodenhose und den Pullovern, die er übereinander gezogen hatte. Die
U-Boot-Jacke von Hans wollte er lieber nicht anziehen. Die war zu
auffällig. Er startete im Stiklestadveien an einem Sonntagnachmittag. Alles sah still und ruhig aus. Der Schnee war geräumt, zu
beiden Seiten der Straße türmten sich Schneewälle. Jetzt, da die
meisten Soldaten bereits nach Hause geschickt worden waren, war
in der Umgebung viel weniger Verkehr, es waren weniger Leute
unterwegs als bei seinem letzten Ausflug in die Stadt. Auch die
Kinder, die sonst die Baracken „bewachten", waren längst nicht
mehr so dienstbeflissen wie früher. Zumindest nicht an einem
Sonntag.

Walter bog nach rechts in den Mellomveien ein. Keiner der Passanten schien ihn zu beachten. Und schon gar nicht hielten sie ihn
für einen deutschen Soldaten. Wenn auch das Leben in der Baracke
und in der Umgebung sich normalisiert hatte, wusste er doch, dass
er sich auf verbotenem Terrain bewegte. Und die norwegische
Militärpolizei war nicht immer freundlich, davon hatte er sich vor
ein paar Tagen überzeugen können. Sie hatten in der Kombüse
Eierpfannkuchen gebacken, als ein norwegischer Soldat vorbei-
kam. Der Duft frischer Eierkuchen ließ den Norweger innehalten.
Er begann sich nett mit dem deutschen Küchenpersonal zu unterhalten und wurde hineingebeten. Der Norweger war so offensichtlich fasziniert von den Eierkuchen, dass es die Deutschen amü-
sierte. „Ich liege oben am Ladehammerkai, den Ort nennen wir
Bergen-Belsen", erzählte er. „Wie könnt ihr mir verdammt noch
mal erklären, dass wir als die Sieger des Krieges Kohlrüben essen,
während ihr Eierkuchen esst?" Ein norwegischer Militärpolizist
hatte den Soldaten jedoch in die Kombüse gehen sehen. Jetzt
stürmte er herein und zog ihn wieder raus. Hier sollte es keine
Verbrüderung mit dem Feind geben, auch wenn es hundertmal nur

um Eierkuchen ging. Zehn Sekunden später kam der norwegische Soldat zurückgerannt, ergriff den erst halb verspeisten Eierkuchen, den er hatte zur Seite legen müssen und folgte dann dem Militärpolizisten nach draußen. „Schließlich kriege ich nicht jeden Tag Eierkuchen", sagte er und stopfte den Rest in sich hinein.

Im Mellomveien stieg Walter in die Straßenbahn und nahm ganz hinten Platz. An der nächsten Haltestelle setzte sich ihm ein Mann genau gegenüber. Die Schaffnerin war eine klein gewachsene Frau, die jedes Mal, wenn sie dem Fahrer mittels einer Schnur das Startsignal gab, einen kleinen Sprung nach oben machen musste. Sowohl Walter als auch der Mann gegenüber fanden, dass es komisch aussah, wenn diese dickliche, kleine Frau zum Sprung ansetzte, um an die Schnur heranzukommen. Walters Blick begegnete dem seines Gegenübers und beide mussten lächeln. Plötzlich sagte der Mann irgendetwas, was Walter nicht verstand. „Jo, jo", antwortete Walter und fühlte sich unwohl in seiner Haut. Am Gesichtsausdruck des Mannes sah er nämlich, dass er mit seiner Antwort nicht ins Schwarze getroffen hatte. Der Mann versuchte es erneut und erzählte eine ganze Menge. Walter wand sich auf seinem Sitz. „Jo, jo", wiederholte er mit todernster Stimme und schaute sein Gegenüber unsicher an. Als hätte er es mit einem Verrückten zu tun, beugte sich der Mann nun vor, um Walter genauer zu betrachten. „Jo. Jo?", sagte er mit steigender Intonation und rutschte näher an Walter heran. Da stand Walter mit einem Ruck auf und ging zum Ausgang. Als die Bahn hielt, sprang er hinaus und beeilte sich, den Innherredsveien hinunterzukommen. Als er sich wieder beruhigt hatte, beschloss er, es sei zu weit und zu gefährlich, bis hin nach Hammersborg zu Fuß zu gehen. Reiduns Mutter hatte für ihn ein Hemd aus weißem Lakenstoff genäht, aber das Hemd musste nun erst einmal warten. Er würde es ein andermal holen. Vielleicht zusammen mit Hans. Er hatte Angst, alleine unterwegs zu sein und schwor sich, dass er sich dem nicht noch einmal aussetzen würde. „Ob ich nun norwegisch oder deutsch aussehe, es ist und bleibt gefährlich", dachte er und verlangsamte sein Marschtempo erst, als er die Baracken im Stiklestadveien erblickte.

Angekommen in der Unterkunft, zog er die schweren und engen Stiefel aus und begann, seine von der Kälte gefühllos gewordenen Zehen durchzukneten. Er war wohl ganz allein in der Baracke, denn es war kein Laut zu hören. Er zog den Holzstuhl näher an den Ofen und holte eine Zigarette heraus. Nun schrieb man das Jahr 1946, und er war immer noch in Trondheim. „Bleib in Norwegen, so lange du kannst", hatte in Mutters Brief gestanden. „Hier gibt es fast nichts zu essen." Genug zu essen bekam er hier auf alle Fälle, denn Zahlmeister Müller sorgte sehr gut für seine Leute in der Kombüse. Eine bessere Arbeit konnte Walter sich kaum vorstellen, aber das Heimweh war trotzdem da. Etwas musste es doch in Schwarzheide zu essen geben …? Alle Fleischereien, Bäckereien und der Gemüsemarkt konnten doch nicht leer und verlassen dastehen …? Und was war mit den Bauern aus den umliegenden Dörfern, die jeden Tag mit ihren Waren zum Markt kamen? Der Bauer Kalik zum Beispiel. Walter wusste noch, wie er und seine Freunde dem Bauern Kalik und seinem Pferd den Niemtscher Weg hinunter nachgelaufen waren. „Dein Pferd ist so dünn, dass es sich bald alle Beine bricht", hatten sie gerufen, und der alte Kalik hatte wütend mit der Peitsche nach ihnen geschlagen. War das Pferd auch noch so dünn gewesen, es war immer genug Gemüse auf dem Wagen. Sollte es das jetzt auch nicht mehr geben? Es gab viele Fragen, auf die er keine Antwort wusste.

Eine andere Frage, die ihn in letzter Zeit immer öfter beschäftigte, war die nach Gerd und dem Kind. Vielleicht war sie zurück nach

Moss zu ihrer Familie gegangen, oder zusammen mit Fischwasser nach Deutschland? Machte er sich etwas daraus, dass ein anderer Mann der Vater seines Sohnes werden sollte? Nein, verdammt noch mal! Solche Gedanken durfte man nicht zulassen. Es war traurig genug, an einem Sonntagnachmittag des Jahres 1946 alleine in einer Baracke im Stiklestadveien zu hocken und die vermaledeiten Kreuzchen an der Wand zu betrachten.

Kapitel 7

Walter dachte zurück an den Herbst 1941. Da hatte er den Vater um eine Unterschrift gebeten, ohne die er sich nicht freiwillig zur Marine melden konnte. Nachdem Hans gefallen war, war der Krieg Walter unangenehm dicht auf den Leib gerückt. Bald würde sein Jahrgang einberufen werden, und da musste man um jeden Preis versuchen, nicht zur Infanterie zu kommen. So viel hatte er mitbekommen. Und die einzige Möglichkeit dazu war, sich als Freiwilliger zu melden, aber da er noch nicht alt genug war, benötigte er Vaters Unterschrift. Dann könnte er die Waffengattung wählen. Er versuchte auch seine Freunde Gerhard und Albert davon zu überzeugen, aber keiner von ihnen wollte gehen, wenn sie noch nicht wirklich mussten.

An einem Herbstabend ging Walter in den Garten und half Vater, Gras für die Kaninchen zu mähen. Vater verstand, dass Walter etwas auf dem Herzen hatte, und seine schlechte Laune war für Walter ein Zeichen, dass er ahnte, worum es ging. „Ich habe schon einen Sohn verloren. Das reicht", antwortete der Vater barsch und knallte die Tür zum Kaninchenkäfig zu. Walter verstand diesen Starrsinn nicht. Das wagte er jedoch nicht laut zu sagen, und die gerunzelte Stirn des Vaters signalisierte ihm, dass die Diskussion beendet war. Somit wartete er bis zum 5. Januar 1942 und meldete sich an seinem 18. Geburtstag zur Marine, ein halbes Jahr vor der regulären Einberufung seines Jahrgangs.

Am 26. April 1942 verließ Walter die Rosenstraße 17 in Schwarzheide. Vater war wie immer in aller Frühe zur Arbeit gegangen, ohne viel Aufhebens darum zu machen, dass sein jüngster Sohn in den Krieg zog. Seine kleine Schwester Gitta saß auf dem Küchentisch mit einem Bilderbuch. Sie löste den Blick nicht von dem Buch, obwohl ihr Bruder sie besonders lange drückte. Weder Mutter noch Walter fanden die richtigen Worte und zogen es vor, über die ungefährlichen Dinge zu sprechen. „Der Zug geht in zehn Minuten. Vom Markt", fügte er hinzu, als ob das eine wichtige Information wäre. Er befühlte den grünen Schiffssack. „Hast du dein Rasierzeug eingepackt?", fragte Mutter und versuchte ein Lächeln. Sie wusste zu gut, dass Walter sich nur alle paar Wochen einmal zu rasieren brauchte. „Du hast eine Haut wie ein kleines Kind", sagte Lotte immer, ohne dass Walter besonders stolz darauf war. Das Rasierzeug war das einzig Neue, das Walter mit in den Krieg nahm. Ansonsten enthielt der Seesack einige Unterhemden, eine Geldbörse, ein Paar Sandalen und Schreibutensilien. Was sonst sollte er noch mitnehmen? Für den Rest sorgte die Marine. Er drückte Mutter schnell. „Ich verspreche, so schnell wie möglich zu schreiben", sagte er und ging zur Tür hinaus. „Grüß Vater!"

Am späten Nachmittag des nächsten Tages kam er nach einer langen Zugreise über Berlin und Hamburg nach Kiel. Müde und mit verspannten Muskeln betrat er die Kaserne, wo er zusammen mit Hunderten von Rekruten in der Schlange stand. Im Laufe des Tages erhielt er Unmengen von Mützen, Hemden, Socken, Stiefeln und Unterhemden. All dies und verschiedene andere Dinge quittierte er detailliert in seinem Soldatenausweis mit der Nummer 038095/42K. Diese Nummer sollte er nie vergessen. Wehe ihm, wenn er etwas verlor oder kaputtmachte! Denn der Vorgesetzte, der ihn durch die verschiedenen Depots lotste, meinte es ernst mit dem, was er sagte. Spät am Abend legte er sich in das unterste von drei Betten in einem eigens für sie hergerichteten Turnsaal. Er hatte viele Eindrücke zu verarbeiten. Am klarsten hatte sich ihm das Bild aus dem Kellerdepot eingeprägt, wo sie die Stiefel bekommen hatten.

Ein kräftiger Obermaat stand dort hinter einem Tisch und schleuderte den mehr oder weniger verwirrten Rekruten die Stiefel hin. Als Walter dran war, setzte er ihm ein Paar Stiefel vor und schrie: „Weiter!" Walter machte ein paar Schritte zur Seite, um seinen Hintermann ranzulassen, und probierte die Stiefel an. „Die kann ich unmöglich anziehen", sagte Walter leicht verärgert. Darauf hatte der Matrose hinter dem Tisch nur gewartet. Er stemmte die Hände in die Seite und brüllte, dass alle Rekruten in der Schlange innehielten: „Hast du gedacht, das ist ein Schuhgeschäft? Hier nimmst du das, was du kriegst. Und eins musst du dir merken, du lausiger Rekrut: Hier bestimmen wir, was möglich und was unmöglich ist. Nie du!" Walter merkte, wie die Wut in ihm aufstieg. Er war es nicht gewohnt, auf diese Art und Weise angesprochen zu werden. Selbst wenn er im Labor einen Fehler gemacht hatte und der alte Schulz schlechte Laune hatte, war er nie so herablassend behandelt worden. „Dann bleibe ich hier stehen", sagte er und starrte dem Obermaat in die Augen. „Da kannst du warten, bis du schwarz wirst!", schrie der zurück und feuerte neue Stiefel auf den Ausgabetisch. Walter blieb ohne Schuhe, nur in Socken stehen, bis auch der letzte Mann seine Stiefel erhalten hatte. Da drehte sich der kräftige Obermaat um, wühlte ein bisschen im untersten Regal und warf Walter ein Paar Stiefel zu, ohne ein Wort zu sagen.

In der Nacht war Fliegeralarm. Weit weg hörte er jemanden schreien: „Alle Mann in den Keller!" Er warf die Wolldecke zur Seite, zog die Hose an und streifte einen Wollpullover über das Unterhemd. Zusammen mit 40 bis 50 anderen Marinerekruten tastete er sich in dunklen Korridoren die Treppe hinunter. Die

Räume im Keller waren viel kleiner. Ein Vorgesetzter wies die Plätze zu, Walters Platz war der nasskalte Steinfußboden. Er lehnte sich gegen die Wand, fand aber keine Ruhe. Von weit her, wie aus einer anderen Welt, hörte er dumpfe Explosionen. Das Mauerwerk erbebte schwach. Erst als sie etwas näher zusammenrückten und er die Wärme seiner Nebenleute spürte, nickte er ein. Im Morgengrauen durfte er wieder in sein Bett gehen. Als er am nächsten Morgen um 6 Uhr geweckt wurde, fröstelnd und mit steifem Nacken, bereute er, dass er sich freiwillig gemeldet hatte. So hatte er sich das Soldatenleben nicht vorgestellt.

Nach vier Tagen in der Kaserne marschierte er in seiner neuen Uniform gemeinsam mit 400 Rekruten hinunter zum Bahnhof. Ein Sonderzug brachte sie nach Aalborg, wo sie nochmals durch die Stadt paradierten, diesmal runter zum Hafen. Das Marschieren, das musste Walter gestehen, gefiel ihm. Irgendwas war dran an diesem gleichmäßigen Takt, dem Gefühl einer Gemeinschaft, von der er jetzt ein Teil war, die er aber noch

Walter Richter in Uniform

nicht kannte. Hier kam er, Walter Richter, der angehende Laborant aus Schwarzheide, und marschierte mit blank geputzten Stiefeln und in neuer Uniform die Sønderbrogade entlang. Es war eine Art professioneller Auftritt, bei dem er eine wesentliche Rolle zu spielen hatte. Durch das Blasorchester, das vorneweg marschierte, gelang das Aufstampfen der Hacken noch besser. Seitlich im Augenwinkel sah Walter, dass sie Aufsehen erregten. Die Leute blieben auf dem Bürgersteig stehen und betrachteten ihn und seine Kameraden. Jetzt war er Teil der siegreichen deutschen Armee, und dieser Teil des Krieges gefiel ihm. Mit den gut arrangierten Paradenmärschen würde er kein Problem haben, der Fliegeralarm heute Nacht hatte ihm dagegen gar nicht gefallen.

Am Abend liefen sie aus Aalborg aus. Es war Walters erste Seereise. Sein Traum war es, nach 12 Jahren Dienst in der deutschen Marine an Land zu gehen. Da hätte er fast die ganze Welt bereist, hätte exotische Frauen getroffen, wäre in weißer Tropenkleidung an palmenbestandenen Strandpromenaden entlang spaziert und hätte die wundersamsten Tiere und Menschen zu Gesicht bekommen. All dies gäbe dem Leben einen Inhalt, der von den zu erwartenden Erlebnissen im Labor in Schwarzheide um einiges abwich. Und trotz des nächtlichen Fliegeralarms glaubte er ziemlich sicher an den Endsieg. Die Filme logen nicht. Wer konnte es mit Deutschland aufnehmen? Zu Hause in Schwarzheide hatte er in der Wochenschau gesehen, wie die Deutschen jeglichen Widerstand in Ost und West hinweggefegt hatten. Und sein Bruder Hans war überall dabei gewesen. Dass er nicht zurückkam, war jedoch eine traurige und unangenehme Tatsache. Und wenn er daran dachte, war der Krieg eine doch recht ernste Sache. Krieg war mehr als ein Parademarsch in der Sønderbrogade.

Walter wusste gar nicht genau, wo sie hinfuhren. Und die Rekruten kannten einander nicht gut genug, um laut über das Reiseziel nachzudenken. Und wehe dem, der mit solcherart Frage an die Vorgesetzten herantrat! Walter kapierte schnell, wonach man fragen durfte und was tabu war. Am Abend stand Walter an der Reling und beobachtete ein Flugzeug der Luftwaffe, das über ihrem Schiff kreiste. „Nun, sie passen wenigstens richtig auf uns auf", dachte er und ging in die Koje.

Am nächsten Morgen, das Schiff glitt gerade in den Drøbak-Sund hinein, mussten sämtliche Rekruten auf Deck antreten. An der Stelle, an der die „Blücher" versenkt worden war, nahmen alle die Kopfbedeckung ab und gedachten still der Kameraden, die hier dem Tod begegnet waren. Walter stand mit gesenktem Kopf da und schaute direkt auf den Rücken seines Vordermanns. Die drei letzten Zeilen des Treuschwurs auf Adolf Hitler kamen ihm in den Sinn: „… und als tapferer Soldat bereit sein will, jederzeit für diesen Eid mein Leben einzusetzen." Solche großen Worte kamen einem wohl leichter über die Lippen, wenn man im Gleichschritt zu den Klängen des Blasorchesters die Sønderbrogade entlang marschiert. Ein schwacher Trost für die Unglücklichen, die im Maschinenraum eingeschlossen waren und zusammen mit der „Blücher" auf den Meeresgrund sanken. Plötzlich wurde ihm klar, dass er beileibe nicht bereit war, sein Leben für irgendetwas einzusetzen.

An einem schönen Maitag kamen Walter und die anderen Marinerekruten in Oslo an. Die Stadt machte einen starken Eindruck auf ihn. Und auch der Signalgast, der ganz oben auf dem Rathaus stand und mit seinen bunten Fähnchen wedelte. Wie in aller Welt konnte man mit Hilfe gewöhnlicher Fähnchen „sprechen"? Walter sah sich die Festung Akershus an und freute sich darauf, das hinter dem Rathaus und den anderen Gebäuden verborgene Zentrum zu sehen. Der Aufenthalt in Oslo sollte jedoch nur sehr kurz sein. Nach Stunden des Wartens am Kai, wurden sie mit einigen kleineren

Schiffen wieder fjordauswärts nach Håøya gebracht. Hier wimmelte es von Soldaten, und die Kommandos hallten über die Insel. In den Baracken gab es kein einziges unbelegtes Bett mehr, man schlief also da, wo gerade ein bisschen Platz war. Vier Tage verbrachte Walter in diesem Chaos, dann wurden er und 120 weitere Rekruten in die weiter südlich gelegene Stadt Horten gebracht. Hier gab es kein Chaos, und nichts war dem Zufall überlassen. Jetzt begann der knallharte Rekrutenalltag mit Laufen, Exerzieren, Drill und zu wenig Essen.

Einige Rekruten waren erst 17 Jahre alt, von ihnen brachen etliche unter der extremen physischen Belastung zusammen. Und Walter entdeckte zum ersten Mal, dass die Vorgesetzten durchaus verschieden sein konnten. Einige Offiziere brüllten und gebärdeten sich wie wild, wenn ein Soldat vor Überanstrengung in Ohnmacht fiel. Nach einem Marsch nach Borre mit 20 Kilo Gepäck stürzten viele zu Boden. Auch der Zeitplan war nicht eingehalten worden. Da ließ ein Kapitänleutnant die ganze Kompanie antreten und beschimpfte sie als Schwächlinge. „Jeder Schwachkopf kapiert doch, dass man mit Nudelsuppe und Kaffee-Ersatz solchen Strapazen nicht gewachsen ist", dachte Walter. Er war richtig deprimiert angesichts des mangelnden Urteilsvermögens des Offiziers, der sich einfach vor die Kompanie stellte und brüllte. Walters Zugführer hingegen war verständnisvoll und wusste, wo die Grenze war. Er hatte sogar einen Sinn für Humor, denn jeden Sonntag weckte er seine Soldaten, indem er von Tür zu Tür ging und ihnen etwas auf seiner Ziehharmonika vorspielte.

Eines Tages kam der Kommandant der „Seeverteidigung Oslofjord" zu Besuch ins Rekrutenlager. Walter fand, dass der Kommandant steinalt aussah, und sogar der Zugführer lächelte, als dieser alte Kommandant einige wacklige Paradeschritte vor den angetretenen Rekruten unternahm. Die Zeiten, in denen der einen Parademarsch noch ohne Gleichgewichtsprobleme absolvieren konnte, lagen gewiss schon viele Jahre zurück.

Nach sieben Wochen gab es für Walter und die anderen Rekruten den ersten Ausgang. An einem Sonntagnachmittag marschierten sie geschlossen los. Auf dem Weg in die Stadt sangen sie „Heidemarie, wenn wir am Rhein marschieren, wenn wir den Wein probieren, dann singen wir ein Lied von der Kompanie, keine küsst wie du, Heidemarie". Auf dem Platz vor dem Kino schlugen sie die Hacken noch einmal kräftig auf das Pflaster und dann konnten alle ihrer Wege gehen. Die Leute blieben stehen und schauten sich den Auftritt an. Weiter am Rand standen sogar ein paar Mädchen, die interessiert zuschauten. Walter spürte, wie Freude und Erwartung seinen Körper ergriffen. Das Wetter war traumhaft, und nach der Kinovorführung dauerte der Ausgang immer noch einige Stunden. Angeblich gab es einen Rummelplatz in der Stadt. Dort wollte er

nach dem Kino hin, und wer weiß, vielleicht fand auch das eine oder andere Mädchen den Weg dorthin.

Es war lange hell an diesem Juniabend und Walter war gut gelaunt, als er zusammen mit einer Gruppe Rekruten nach dem Kino in Richtung Rummelplatz ging. Der Rummel selbst war nicht gerade eine Wucht. Außer einem Karussell und einigen Buden, an denen man Blechdosen hinunterwerfen konnte, gab es nur noch einen Stand mit Fischwürsten.

Gerd

Zu Hause in Schwarzheide hatte er bessere Rummelplätze gesehen, aber das alles machte nichts. Nach sieben Wochen Kaserne war es, als ob man in eine neu gewonnene Freiheit hinausging. Walter freute sich, die Musik zu hören, er genoss den Anblick all der schönen Mädchen, die umhergingen und so taten, als interessierten sie sich nur mäßig für die Soldaten. Und da sah er sie zum ersten Mal. Walter fiel sie sofort auf. Nicht weil sie besonders hübsch war, es war aber etwas in ihrem Gesicht, das sich bei Walter fest ins Gedächtnis eingrub. Sie hielt einen Soldaten der Luftwaffe im Arm, warf ihre blonden Haare hintenüber, während sie über irgendetwas lachte, das der Soldat gesagt hatte. Dieses Bild setzte sich bei Walter fest und war ständig präsent, er konnte nicht einmal erklären, warum. Er wusste nur, dass er gern an der Stelle des Luftwaffe-Soldaten gewesen wäre.

Vier Monate später begegneten sich Walter und Gerd, denn so hieß das blonde Mädchen, auf einem einsamen Feldweg in Åsenfjorden. Beide erinnerten sich an die erste Begegnung, und beide waren genauso überrascht darüber, sich in so einem abgelegenen Winkel wiederzutreffen.

Plötzlich stampfte Hans ins Zimmer und riss Walter aus seinen philosophischen Träumereien. „Ich glaube, ich weiß, wie wir Sigrid helfen können, die Geldstrafe zu bezahlen", sagte Hans. „Wir klauen ein Motorrad." Nach Walters Geschmack war bereits der Einbruch im Hafenmagazin mehr als genug gewesen. Noch lange danach hatte er die Spannung im Körper gespürt. Und er hatte keine Lust, diese noch einmal zu erleben. Trotzdem war er etwas überrascht, dass Hans sich so um Sigrid sorgte. Wollte er wirklich ihretwegen ein Motorrad stehlen? Hans und Sigrid verband nicht mehr, als dass sie bei diversen Saufgelagen zusammen am Tisch gesessen und gequatscht hatten. Im Bett waren sie nie miteinander gewesen und waren wohl auch meilenweit davon entfernt. Das Edle an Hans' Einfall machte es Walter schwer, ihn direkt zurückzuweisen.

„Ich habe Kontakte zu einer Autowerkstatt in einem Hinterhof im Stadtzentrum", sagte Hans. „Die geben 300 Kronen für ein Motorrad." Damit wusste Walter, dass alles geplant war und dass es unmöglich war, nein zu sagen, aber gefallen tat ihm die Sache nicht.

Am Sonntag nach dem Frühstück machten sie sich auf den Weg runter zum Hafen. Hans hatte das Ziel klar vor Augen. Draußen auf dem Ladehammerkai standen fein säuberlich Lastwagen, PKW und auch Motorräder aufgereiht. Walter bemerkte, dass sie beileibe nicht alleine waren, wie sollte man bloß hier an dieser Stelle etwas stehlen, wo sich so viele Norweger rumtrieben? Ganz offensichtlich gab es hier noch mehr Leute, die Ausschau hielten, um vielleicht etwas zu „organisieren". Hans ging beherzt auf die erste Reihe LKW zu, blieb stehen und zog ein Papier aus der Innentasche hervor. Dann begann er langsam, an den Fahrzeugreihen auf und ab zu gehen, wobei er zählte und sich Notizen in seinen Papieren machte. Das beeindruckte die Norweger, die sich nun wie ganz zufällig vom Kai entfernten. Zehn Minuten später kam Erik mit einem 1,5-Tonner Opel Blitz vorgefahren und fuhr rückwärts an die Reihe der Motorräder heran. Mit flinken Bewegungen war ein Brett an die Ladefläche gelehnt und im Handumdrehen rollten sie eine 250 cm^3 BMW hinauf. „Man muss nicht nur frech sein", sagte Hans, als sie im Strandveien an einigen der Norweger vom Kai vorbeifuhren, „man muss auch entschlossen und beherzt zu Werke gehen."

Als Hans einige Tage später Sigrid in der Baracke die 100 Kronen überreichte, wurde es still um den Tisch. Wussten doch alle, dass Hans ihr das Geld nicht gab, um sich einzuschmeicheln. Dazu war sie nicht attraktiv genug, und das Angebot an Mädchen war wirklich groß. Diese Hilfeleistung für sie, die auf der lokalen Rangliste immer ganz unten gewesen war, beeindruckte alle dermaßen, dass niemand etwas sagte. Als Hans ihr etwas linkisch den 100-Kronen-Schein über den Tisch reichte, senkten die meisten den Blick oder fanden irgendetwas Interessantes an den Wänden, das sie in Augenschein nahmen. Plötzlich war da so ein kurzer, feierlicher Moment, den eigentlich niemand gewollt hatte. Und schon gar nicht Sigrid. Das plötzliche Verstummen so vieler Personen war zugleich eine Art Ahnung, dass diese kleine, ausgestoßene Gesellschaft vielleicht in nicht allzu ferner Zukunft gar nicht mehr da sein würde. Bald würden sie einander zum letzten Mal sehen, auch wenn sie etwas anderes sagten. Aber im Gegensatz zu Sigrid und den anderen Mädchen hatten Walter und seine Kameraden zumindest die Erwartung von etwas Gutem. Irgendwann würden sie nach Hause kommen. Sigrid war ohne Erwartungen. Zu Hause war sie zudem schon, ohne dass dies für sie ein Anlass zur Freude war.

Kapitel 8

Gibt es etwas, das unser Leben steuert? Walter glaubte nicht an Gott, war aber alles nur Zufall? In der „Weltlichen Schule" war Gott abgeschrieben, aber soweit er es mitbekommen hatte, wurden auch dort keine guten Antworten auf die vielen Rätsel des Lebens gegeben. Und wo er hier so in seinem Bett im Stiklestadveien lag, war er im Grunde nicht viel klüger geworden. Die einen wurden nach Hause geschickt, andere mussten bleiben. Die einen wurden Vater, andere wussten vielleicht gar nicht, dass sie es wurden. Der Gedanke daran, dass er Vater war, ergriff ihn immer öfter und wurde immer belastender. Ein wenig schmerzhaft sogar, waren doch so viele Fragen mit dieser Tatsache verbunden. Wo war Gerd jetzt? Der Sohn war schon 18 Monate alt. Kann ein eineinhalbjähriges Kind schon sprechen? Sicher konnte es schon das eine oder andere Wort. „Mama" gehörte bestimmt dazu. Aber was war mit „Papa"? Gab es eine Person, die der Sohn mit diesem Wort ansprechen konnte? Fischwasser vielleicht? In Deutschland oder in Moss? Wenn er nach Deutschland zurückkäme, würde er niemandem von seinem Sohn erzählen. Wozu sollte das gut sein? Das Dasein war sowieso kompliziert genug, da wollte er sich nicht noch selbst zusätzlich mit Sorgen belasten. Als er das erste Mal sachte das Deckchen zur Seite geschoben hatte, um das Gesicht seines Sohnes zu betrachten, war er sich nicht sicher, wem er eigentlich am meisten ähnelte. Das Kind war hübsch und hatte einen eher dunklen Teint. Er hatte an seine Großmutter aus dem Sudetenland denken müssen, denn sie hatte lange, schwarze Haare.

Die blonden Haare von Gerd hatte sein Sohn jedenfalls nicht. Nein. Solche Gedanken schob er von sich.

Walter dachte zurück an die Zeit auf dem Hof Aunan in Åsenfjorden. Dort war er an einem Augusttag des Jahres 1942 als Obergefreiter der Scheinwerferstellung Nr. 6 hingekommen. Falls alliierte Flugzeuge des Nachts die „Tirpitz" bombardieren wollten, war es die Aufgabe von Walter und seinen Kameraden, die Flugzeuge mit ihren 150-cm-Scheinwerfern zu verfolgen. Es dauerte jedoch nur einige Wochen, da galt Walters Interesse mehr dem trivialen Alltagsgeschehen. Statt an englische Luftangriffe zu denken, überlegte er, wie er etwas Milch aus den Kannen im Stall nebenan ergattern könnte. Wenn Walter Posten stand, kam oft der Bauer selbst, Georg Aunan, heraus, um sich mit ihm zu unterhalten. „Walter", sagte er und schmauchte an seiner Pfeife, „ihr könnt den Krieg unmöglich gewinnen, jetzt wo die Amerikaner mit dabei sind." Walter mochte den alten Bauern und schätzte das Vertrauen, das er ihm entgegenbrachte. Und als er ihm einmal etwas Weißbrot zusteckte, bekam Walter ein schlechtes Gewissen wegen der Milch, die er einfach mit Wasser verdünnt hatte.

Georg hatte zwei Töchter, und als Walter eines Tages aus dem Speichergebäude kam, in dem er und fünf weitere Flak-Soldaten wohnten, machte er große Augen. Genau vor ihm auf der grünen Wiese stand ein Mädchen, das er schon einmal gesehen hatte. War das nicht das blonde Mädchen vom Rummelplatz in Horten? Sie war genauso verdutzt. Eigentlich war sie gekommen, um sich mit dem Rucksackkumpel zu treffen; die Töchter des Bauern waren nur ein Vorwand. Später am Abend meinte der Österreicher, Gerd ganz alleine die 4 km nach Hause nach Solheim begleiten zu können. Aber Walter ging mit ihnen. In Solheim versorgte Gerd ihren Vater und noch sieben weitere Männer, die hier mit Straßenbauarbeiten für die Deutschen beschäftigt waren. Walter kam der Weg viel zu kurz vor. Alles, was er sagte, fiel auf fruchtbaren Boden. Gerd lachte über all seine Scherze und Witzeleien. An der Weggabelung vor dem Haus in Solheim blieben sie einige Minuten stehen. Dann sagte Gerd ihnen gute Nacht und sah Walter kurz von der Seite an, ehe sie ins Haus ging. Auf dem Heimweg war der Österreicher mächtig sauer, Walter hingegen freudig erregt. Daraus konnte etwas werden!

Drei Tage später kam Gerd wieder nach Aunan. Zunächst sprach sie mit den Töchtern des Bauern belangloses Zeug über Wind und Wetter. Walter kam hinzu und versuchte so natürlich wie möglich, einen Spaziergang den Schotterweg hinunter vorzuschlagen. Gerd lächelte über Walters Eifer, verbarg die Hände tief in ihren Manteltaschen und ging dann mit Walter froh den Abhang neben dem Hof hinab. Hinter ihnen begannen die Schwestern zu tuscheln, denn schon nach einigen wenigen Metern hatte Gerd ihren Arm unter Walters geschoben.

Das war der Beginn einer langen und hektischen Liebesbeziehung. Das Problem bestand nur darin, dass sie keine richtige Bleibe hatten. In Solheim waren lauter Bauarbeiter und auf Aunan war eine ganze Flak-Batterie einquartiert. Hack hatte als Einziger ein eigenes Zimmer, stellte dies aber nicht zur Verfügung, wenn er selbst nichts davon hatte. An einem Septembertag erschien Walter in Solheim mit drei Planenteilen eines Zelts unter dem Arm. Gerd lächelte in sich hinein, sagte aber nichts. An einer Wegbiegung blieb Walter stehen und sprang dann über den Straßengraben. „Lass uns ein bisschen hier lang gehen", sagte er und half Gerd hinüber. Hinter einem kleinen Felsvorsprung breitete Walter die Planen aus und klopfte den Boden glatt – wie zum Zeichen für Gerd, dass sie sich setzen sollte. Er hatte einen ganz trockenen Mund und bemerkte, dass Gerd verschmitzt lächelte. Er selbst war ganz ernst und konzentriert. Dann sah sich Gerd etwas unsicher um: „Wenn uns nun jemand sieht?" „Na und? Ist es verboten, im Wald zu sitzen?" „Du sitzt ja nicht, du liegst." „Auch das ist nicht verboten." Sie setzte sich und verschränkte die Hände über den Knien. Walter griff vorsichtig ihre Schulter und zog Gerd ganz behutsam nach hinten, so dass sie ihm zugewendet lag, gestützt auf ihre Ellbogen. Keiner von ihnen sagte etwas. Walter spürte, wie das Verlangen in ihm immer stärker wurde. Da war ein wundersames, neues Kribbeln, das seinen ganzen Körper ergriff. Am liebsten hätte er ihren Kopf mit den Händen umschlossen und ihn für alle Ewigkeit an seine Brust gedrückt.

Es war so wundersam, diese üppige Frau mit den unter dem Wollpullover verborgenen großen Brüsten wie einen Fremdkörper in der Natur liegen zu sehen. Die Kombination des grünen Grashangs samt dem blaugrauen Felsvorsprung mit ihrem vor jungem Leben strotzenden Körper erregte Walter. Sachte beugte er sich vor und küsste ihre Wange. Könnte er die Zeit anhalten, dann sollte es in diesem Augenblick sein. Die Erwartung machte ihn schwindelig. Sie legte ihm ihren Arm um den Hals und fand seinen Mund. Auch wenn es ihnen die dicken Wollstrümpfe, die wenig geschmeidige Soldatenkleidung und der steinige Untergrund nicht gerade leicht machten, fanden sie sich doch in leidenschaftlicher Vereinigung. Danach legte sich Walter erschöpft neben sie, streichelte ihr Haar und lächelte ihr ins Gesicht. Nie zuvor hatte er eine solch tiefe und ruhige Freude empfunden. Erst nach einigen Minuten merkten sie, wie kalt es war und standen auf. Glücklich hielt er Gerd an der einen Hand und die Zeltplanen in der anderen. Nie war der Krieg für ihn so fern gewesen. Jetzt hatte das Dasein nur ein Ziel: so oft wie möglich mit Gerd zusammen zu sein. Dergleichen hatte er noch nie erlebt.

Im Herbst 1942 waren Walter und Gerd fast täglich zusammen. Selbst wenn er Postendienst hatte, leistete ihm Gerd Gesellschaft.

Sie sprach sehr gut Deutsch, und Walter genoss jeden Augenblick, den er mit ihr zusammen sein konnte. Am meisten beschäftigte ihn ihre Offenheit. Sie erzählte gern von ihren Gefühlen, auch von denen, die sie gegenüber anderen hatte. Den Flaksoldaten, mit dem er sie in Horten zusammen gesehen hatte, hatte sie einmal sehr lieb gehabt. Er war Operettensänger und Gerd hatte immer noch Kostümbilder von ihm im Portemonnaie. Bevor er an die Ostfront ging, hatte er ihr ein Armband geschenkt und gesagt, er würde zurückkommen und sie mit nach Deutschland nehmen. War all dies wahr? Walter hatte leichte Zweifel. Nie hatte er von Theaterleuten gehört, die als gewöhnliche Soldaten eingesetzt wurden. Als der Winter sich seinem Ende zuneigte, fuhren Gerds Vater und die anderen Arbeiter nach Hause, denn der Auftrag war erfüllt. Walter war etwas erstaunt, dass der Vater ihr erlaubte, alleine in einem Zimmer mit Küche in Solheim zu bleiben. Sie war schließlich erst 19 und ihr Vater wusste von der Beziehung zu Walter. Er grübelte jedoch nicht weiter darüber nach, sondern unterstützte Gerd mit Geld und Brennstoff. Der Winter war kalt und streng, und trotzdem war diese Zeit die glücklichste, die Walter je erlebt hatte. Bot sich nur die kleinste Gelegenheit, machte er sich sogleich von Aunan auf den Weg zu Gerd. Nie hatte er so oft und so leidenschaftlich geliebt.

Im Frühjahr 1943 fuhren sie öfters mit dem Küstendampfer nach Trondheim. Sie waren einige Male im Kino, spazierten durch die Stadt und beobachteten die Menschen dort. An einem schönen Frühlingstag stand Gerd an der Reling und schaute über den glitzernden Fjord. Sie war etwas seltsam und sagte nicht viel. Nach einer Pause wandte sie sich Walter zu und fragte: „Liebst du mich?" Er lächelte. „Natürlich." Da streifte sie einen Ring vom Finger und ließ ihn ausdruckslos ins Meer fallen. Walter wurde neugierig und wollte wissen, was das zu bedeuten hatte. „Das war mein Verlobungsring. Ich war nämlich mit einem Norweger aus Moss verlobt. Jetzt gibt es nur noch uns beide", sagte sie. Walter hatte ihr Gesichtsausdruck in diesem Moment nicht gefallen. Hier braute sich irgendetwas zusammen. Die Sorgen verschwanden jedoch rasch, als sie in Trondheim ankamen. An diesem Sonntag besuchten sie einen Freund von Walter, der als Putzer bei einem Kapitänleutnant in Lade arbeitete. Der Offizier war verreist – Gerd, Walter und der Freund konnten es sich also in der Zweiraumwohnung bei Kaffee-Ersatz und Keksen gemütlich machen. Gerd war sehr gut gelaunt und sagte zu Walter, so würden sie auch wohnen, wenn sie einmal heiraten würden. Nichts freute Walter mehr als solche Phantasien.

Im Sommer 1943 fuhren Walter und Hans nach Wollin in Pommern zu einem sechswöchigen Lehrgang über die neuesten Entwicklungen in der Scheinwerfertechnik. Bei der Abreise vom Osloer Ostbahnhof herrschte Hochstimmung. Der Sommer war da, und Gerd hatte versprochen, oft zu schreiben. Am Ende des Bahnsteigs hatte eine Musikkapelle Aufstellung genommen und spielte: „Wenn ich komm', wenn ich komm', wenn ich wieder komm', und du mein Schatz bleibst hier." Walters Schatz blieb in Åsenfjorden, und dort würde er ihn nach einem hoffentlich strahlenden Sommer wieder in Empfang nehmen. Im Anschluss an den Lehrgang in Pommern hatte er nämlich noch zehn Tage Urlaub bewilligt bekommen, um seine Familie in Schwarzheide zu besuchen. Nun war das Leben lebenswert. Walter hing aus dem Zugfenster und genoss den Anblick der gut gelaunten Soldaten, die schrien und einander etwas zuriefen, während sie Koffer und Schiffssäcke in den Zug hievten. Einige fuhren zum Lehrgang wie Walter, andere fuhren auf Heimaturlaub. Eine allgegenwärtige Erwartung lag in der Luft, als der Zug sich in Bewegung setzte.

Der Dienst in Pommern gefiel Walter außerordentlich. Es war ein warmer Sommer, und der Vorgesetzte legte eine leichtere Kleiderordnung fest. Es war auch interessant, etwas Neues zu lernen, obgleich sich Walters Interesse für die neueste Scheinwerfertechnik in Grenzen hielt. Aber obwohl seine Kameraden und er das schöne Wetter genossen und im Grunde einen leichten Dienst verrichteten, brachten sich auch die unangenehmen Seiten des Krieges in Erinnerung. Zweimal während der Zeit des Lehrganges verlas der Befehlshaber Bekanntmachungen. Beide Male handelte es sich um fahnenflüchtige Marinesoldaten. Zwei von ihnen war die Flucht nach Schweden gelungen, zwei andere waren hingerichtet worden. Walter hätte es nie gewagt, zu desertieren. Da war es schon besser abzuwarten, um zu sehen, wie sich alles entwickeln würde. „Die Deserteure hatten wohl ganz sicher keine Geliebte", dachte Walter. Denn hätten sie eine Zukunft mit einer geliebten Person vor sich gehabt, wären sie sicher nie geflohen. Andererseits empfand er es im Grunde als sinnlos, junge Männer gleich zu erschießen, nur weil sie etwas Unbedachtes getan hatten. Was zum Teufel sollte das für einen Sinn haben?

Einmal pro Woche wurde die Post ausgeteilt. Walter stand stets im innersten Kreis um den Postausteiler und war jedes Mal wieder genauso enttäuscht. Von Gerd kam kein einziger Brief. Das verwirrte Walter und immer öfter quälten ihn düstere Gedanken. Wenn es zu arg wurde, rettete er sich mit Gerds Phantasien über die schöne gemeinsame Zukunft. Denn es war ihr doch wohl ernst mit dem, was sie sagte? Die letzten Wochen wurden lang. Er machte sich mehr und mehr Sorgen, warum er nie etwas von ihr gehört hatte. Zuweilen fand er akzeptable Gründe, warum sie sich nicht meldete. Dann wieder dachte er an ihre vielen Bekanntschaften und hatte ernste Zweifel, ob er denn wirklich der Erste sein würde, dem sie treu war.

Nach einem langen Sommer mit Gefühlen, die zwischen Jubelstimmung und ernsthaften Sorgen schwankten, saß er im August endlich im Zug nach Norwegen. Wenn deutsche Züge durch Schweden rollten, durften die Soldaten keine Waffen bei sich haben. Das machte Walter gar nichts aus, schlimmer war es, dass sie die Fenster nur maximal fünf cm weit öffnen durften. Der Rest sollte verdeckt sein. Doch der kleine Spalt oben am Fensterrand erlaubte es Walter trotzdem, zumindest etwas von der Außenwelt mitzubekommen. Er sah braun gebrannte Menschen am Strand, zwischen weißen Zelten und Petroleumkochern. Er hätte viel dafür gegeben, wenn doch Gerd und er zu diesen Menschen gehören könnten. Einfach am Strand zu liegen, ohne einen einzigen Gedanken an den Krieg und sein Elend. Wer weiß, vielleicht würde ihre Chance auch eines Tages kommen.

Nach fast zwei Tagen und Nächten waren sie endlich in Trondheim. Hier lag bereits der Herbst in der Luft, nicht mehr viel war übrig von den warmen Tagen in Pommern. Gerd warf sich ihm um den Hals, als sie am Nachmittag in die Soldatenunterkunft kam. Die sorgenreichen Gedanken an Briefe, die nicht geschrieben wurden, waren wie weggeblasen, als Gerd erzählte, wie sehr sie ihn vermisst hatte und wie froh sie war, ihn wiederzusehen.

Am nächsten Morgen fuhren sie mit dem Küstendampfer weiter nach Åsenfjorden. Walter stutzte, als Gerd zwei Marinesoldaten in einem Motorboot fragte, ob sie Walter und sie nicht über den Fjord bringen könnten. Sie würden ein paar Meter einsparen. Walter war erstaunt darüber, wie gut Gerd anscheinend mit den Soldaten bekannt war und wie freundlich sie sie ansprach. Es wirkte beinahe so, als hätten sie sich vorher schon einmal getroffen. Er stellte keine Fragen, konnte es aber nicht lassen, sich seinen Teil zu denken.

Kapitel 9

In der Baracke war es still und kalt. Walter ging zum Fenster und berührte den Heizkörper. Der war voll aufgedreht. Wo war Hans? Er unternahm mehr riskante Aktionen als Walter und war oft in der Stadt. Er erzählte dann auch nicht sonderlich viel, wo er gewesen war. Draußen war es schon dunkel, obwohl es erst vier war. Er saß hier wie in einem Gefängnis. Kein Leben in der Bude mehr, kein Mädchenbesuch, die muntersten Kameraden waren nach Hause gefahren und in die Stadt traute er sich nicht. Bis zum nächsten Morgen und damit bis zur Arbeit in der Küche würde noch eine Ewigkeit vergehen.

In den letzten Wochen hatte Walter meistens Kartoffeln geschält. Er und noch ein stämmiger Bayer, Toni hieß er, saßen jeden Tag auf ihren Hockern vor einem Abfallbehälter und schälten Kartoffeln. Der zu bewältigende Kartoffelberg wurde kaum kleiner, und Toni war sauer, weil er meinte, Walter schäle zu langsam. „Du hältst die Kartoffel genauso feminin wie ein kleines Mädchen", sagte Toni und imitierte Walters kleinen Finger, der beim Schälen immer gerade zur Seite zeigte. „Das Pissen erledigst du bestimmt auch im Sitzen, was?" Walter sprang mit einem Satz hoch, schmiss den Kartoffelschäler in den Behälter und ging auf den Bayern los. Toni stand auch auf und war doch ein kleines bisschen überrascht über Walters kreideweißes Gesicht. Walter kam der Bayer plötzlich riesengroß und kräftig vor. Walter stieß ein dünnes, fast tränenersticktes Stöhnen aus und warf sich auf Toni. Der zuckte zusammen und hielt die Arme vor das Gesicht. Da der Fußboden jedoch feucht und glatt war, war es – noch dazu mit den Stahlnägeln unter den Sohlen – nicht so leicht, sich auf den Beinen zu halten. Walter krümmte die Zehen und schaffte es, auf der Innenseite der Stiefel zu stehen. Durch diesen kleinen Vorteil gelang es ihm, den Bayern in die Ecke zu schieben. Beide atmeten schwer und boten all ihre Kräfte auf. Toni rutschte in Richtung Abfallbehälter und musste sich mit einem Arm an der Wand abstützen. Walter schlug zu und spürte das merkwürdige Gefühl, einer anderen Person mit voller Wucht die Faust ins Gesicht zu schlagen. Die Sinnlosigkeit des Ganzen wurde ihm im Laufe einer Sekunde klar, und schon war der Wutanfall vorbei. Die Schläge hatten ihn geweckt. Zum Glück kam der Zahlmeister brüllend hereingelaufen und griff sich die beiden. Er schleuderte sie in Richtung Tür und rief, er persönlich würde sie in Rotvoll abliefern, wenn sich so etwas wiederholen sollte. Für den Rest des Tages bekam jeder von ihnen vom Zahlmeister seine Aufgaben zugeteilt.

Als sie am nächsten Tag vor ihren Kartoffeln saßen, sagten sie nicht sehr viel. Gegen Ende des Tages fragte Toni wie zufällig, ob Walter gern Tauben äße. Walter freute sich über die Frage. Nicht, weil er wild auf Tauben war, aber er wollte sich gern mit Toni versöhnen. Der Gedanke, dass er Toni mehrmals kräftig ins Gesicht geschlagen hatte, machte ihm keine Freude. Noch schlechter fühlte er sich jetzt, da Toni sich erniedrigte und um schönes Wetter bat. Walter hatte sich eigentlich nie zuvor geprügelt, und wenn so das Gefühl eines Sieges aussah, konnte er darauf verzichten. Er hatte etwa dasselbe Gefühl wie damals in Schwarzheide, als Albert nach der Schule noch mit zu Walter in den Garten kam und stellvertretend für seine Mutter fragte, ob er einige Birnen kaufen könnte. Walter konnte die von Albert präsentierte Untertänigkeit nicht ertragen und stopfte die Tasche voll mit Birnen. Selbsterniedrigung war nie etwas für ihn gewesen.

„Tauben?"

„Ja, ich habe nämlich ein paar Fallen gebaut und will damit einige Tauben fangen." Walter nahm das Angebot an und sagte, er wolle es gerne auch versuchen. Im Laufe des Nachmittags fingen sie drei Tauben. Toni und Walter nahmen die Tauben mit hinunter in die Küche und brauchten mehrere Stunden, um sie zu rupfen und zu braten. Für Walter war die Mahlzeit eine Enttäuschung. Falls man so sein täglich Brot verdienen sollte, dann war der Lohn wahrlich bescheiden. Und es schmeckte nicht einmal gut. Das lag vielleicht an dem Tran, den sie zum Braten verwendet hatten. Die Mahlzeit an sich war also nichts Besonderes, aber sie trug dazu bei, dass sich der Bayer und Walter wieder vertrugen. Auch wenn sie nie wieder zusammen Tauben fingen, entstand doch eine merkwürdige Kameradschaft zwischen ihnen. Und Walter wusste ja genau, dass er mit einiger Wahrscheinlichkeit übel zugerichtet worden wäre, hätten nicht seine Stiefel weniger Nägel als Tonis gehabt. Wenn sie jetzt vor ihrem Kartoffelberg saßen, war es nicht schwierig, Gesprächsthemen zu finden. Denn Toni hatte auch einige Frauen in Trondheim kennengelernt.

Der Winter ging zur Neige, und die Tage wurden wieder länger. Auch die Reihen mit den Kreuzchen über dem Bett wurden immer länger. Nun hatte er schon vier Papierbögen aufgeklebt. Sie wurden zu gewissen Kleinoden, zu konkreten Beweisen, dass die Zeit faktisch vergangen war und nicht mehr zurückkommen würde, um ihn zu plagen. Jedes Kreuzchen brachte ihn dem Tag näher, an dem er nach Hause zurückkehren würde. Dann würde der Frieden auch zu ihm kommen. Der Frieden, überall hingehen zu können, ohne Angst zu haben. Sag nein zum Kartoffelschälen, sag nein zum Kistentragen. Sag nein zu allen, die über dich bestimmen. Dann würde er sich am Meer in der Sonne aalen, genau wie die Schweden, die er durch das Zugfenster gesehen hatte. Das würde dann allerdings ohne Gerd sein, aber sei's drum. Die Träume, die er als Achtzehnjähriger hatte und an die er geglaubt hatte, waren nun weit weg, wie ein Film, den er irgendwann einmal gesehen hatte. An die Stelle der exotischen Landstriche mit schönen Frauen in einer Tropennacht waren Åsenfjorden, Nudelsuppe und Hacks Herumkommandieren getreten.

Die Erkenntnis, dass Deutschland den Krieg verlieren würde, kam allmählich. Er konnte sich nicht erinnern, angesichts dieser Wahrheit plötzliche Verzweiflung, Traurigkeit oder Bitterkeit gespürt zu haben. Das Ganze lag in den Händen von anderen. In gewisser Weise war er an der Angelegenheit unbeteiligt. Er konnte ja doch nichts ausrichten. War es nicht so im Leben, dass immer andere bestimmten und nicht man selbst? So war es an der Schule in Senftenberg gewesen, im Labor bei Schulz und bei Hack. Und so war es verdammt noch mal ein dreiviertel Jahr nach der Kapitulation immer noch. Jetzt bestimmte Zahlmeister Müller. Und übrigens gab es noch mehr Menschen als Vater, denen es nicht gut bekam, anders zu denken. „Der Führer denkt für uns." Er hatte nicht gerade prinzipiell etwas dagegen gehabt, er hatte auch nicht sonderlich darüber nachgegrübelt, ob vielleicht irgendwas daran faul war. Es war ja in Ordnung gewesen, dass einer alles zum Wohle aller regelte, aber verdammt noch mal! Jetzt herrschte ja völliges Chaos, sowohl für ihn als auch für alle zu Hause. Konnten jetzt er und all die anderen zu denken beginnen und zu sagen, was sie wollten? Was sollte Positives daraus entspringen? Irgendwer musste doch irgendwas organisieren … Seine Heimreise zum Beispiel. Dass Deutschland den Krieg verloren hatte, daran dachte er nicht oft. Warum sollte er sich darüber ärgern? Die Marine hatte in einer bestimmten Situation eine Möglichkeit verkörpert, an die er geglaubt hatte, doch nun waren all seine Träume zur Hölle gefahren. Und das machte ihn traurig. Immer kam jemand und zerstörte seine Träume.

Er dachte daran, was Mutter geschrieben hatte: „Bleib in Norwegen, so lange du kannst." Leicht gesagt für jemanden, der zu Hause ist. Auch wenn er sich nicht über das Essen, die Arbeit und die Unterkunft beklagen konnte – dies hier war nicht sein Zuhause. Hatte er überhaupt einen Ort, an den er gehörte? Sein Leben bestand aus recht kurzen Abschnitten: Senftenberg, Schwarzheide, Labor, Åsenfjorden, Nord-Norwegen und nun ein Vorgeschmack auf die Ewigkeit hier in der Baracke im Stiklestadveien. Von den wogenden Palmen und fernen Ländern seiner Träume war nicht viel übrig geblieben. Der entfernteste Ort, an dem er je gewesen war, war Kvalsund.

Kapitel 10

An einem dunklen, nasskalten Dezembermorgen des Jahres 1943 machte sich Walter zusammen mit insgesamt vier Scheinwerferstellungen auf, den Trondheimsfjord zu verlassen. Wie auch die anderen Male, befand er sich an Bord eines Transportschiffes, diesmal wusste er allerdings nicht, wohin die Fahrt ging. Das machte ihm eigentlich nicht direkt Sorgen, es war wohl überall gleich beschissen. Als sie das offene Meer erreichten, nahm das Schiff Kurs nach Norden.

Vor der Abreise war er jeden Abend bei Gerd gewesen. Nie hatten sie sich so heftig aneinander geklammert. Besonders Gerd war sehr leidenschaftlich. Sie wollte auf ihn warten, und dieses Mal wollte sie ganz sicher schreiben. Das musste sie versprechen. Walter versuchte ihr zu erklären, wie schmerzhaft es war, wenn man der einzige Soldat war, der keinen Brief von der Liebsten bekam. Es entstünden dann böse Gedanken und Phantasien, versuchte er zu erklären. „Bitte schreib mir!" Sie versprach es.

Das Wetter war während der Fahrt nach Norden recht stabil, der einzige Zeitvertreib bestand aus Kartenspielen. Walter ging mittschiffs, um mit Leuten von einer anderen Scheinwerferstellung zu sprechen. Es war immer interessant zu erfahren, wie es den anderen erging. Zudem war es ein Trost zu hören, dass es anderen schlechter ging als einem selbst. Mittschiffs stand auch ein 40-Liter-Branntwein-Ballon, der allerdings für ganz andere Leute bestimmt war, nicht für Walter und seine Kameraden. „Füll dir eine Flasche voll, Walter!", rief einer der fremden Flaksoldaten aufmunternd. Zuerst zögerte er ein bisschen, aber warum eigentlich nicht? Alle Augen waren auf ihn gerichtet, und es wäre ihm peinlich gewesen, nun einen Rückzieher zu machen. Walter füllte eine halbe Flasche und ging zurück zu den anderen Kameraden.

Sogleich wurde Walter lautstark Platz gemacht und er ließ die Flasche kreisen. Bereits nach einigen Minuten merkte er, dass das Schlingern des Schiffes und der Schnaps nicht die beste Kombination waren. Im Laderaum standen die Kojen entlang der Wand, zwei übereinander. Wegen der Strohunterlagen lag man dort ganz schön hart. Walter empfand es jedoch als Segen, sich endlich in die Waagerechte begeben zu können. Als er am nächsten Morgen erwachte, war er entsetzt über all den weißen Schaum, der seinen Mantel bedeckte. Mit einem Ruck fuhr er hoch und besah sich das Elend. Um Gottes willen! Und der Mantel! Er torkelte los, fand etwas Wasser und versuchte das Erbrochene mit kaltem Wasser abzuwischen. Er wusste, dass es Ärger geben würde, wenn sie herausfänden, dass jemand Schnaps gestohlen hatte. Und mit diesem Mantel wäre für alle der Täter offenbart. Er bekam einen solchen Schrecken, dass er bis zum Mittag den Mantel durchknetete, in der Hoffnung, ihn sauber zu bekommen. Es half alles nichts. Je mehr er knetete und rieb, desto schlimmer wurde alles. Der Mantel stank zudem dermaßen, dass er noch etliche Male an Deck gehen musste, um zu kotzen. Warum nur musste er sich immer auf so idiotische Weise hervortun?

Nach einigen Stunden vergeblicher Mühe gab er sich geschlagen. Hans lag in der oberen Koje und schwieg. Er hatte Walters Kampf mit dem Mantel beobachtet, und erst als Walter aufgab und selbst zum Fluchen schon zu müde war, sagte er: „Nun bleib ganz ruhig, Walter. Ich habe zwei Mäntel, hatte aber eigentlich nicht vor, dir einen zu überlassen." Damit raffte Walter den vollgekotzten Mantel zusammen, lief nach oben und warf ihn über Bord. „Gott segne dich, Hans!", murmelte er mit einem Lächeln und dachte sich, dass dies bestimmt seine Großmutter gesagt hätte. Durch die Erleichterung ging es mit seiner Stimmung wieder bergauf.

Kurz vor Weihnachten kamen sie in Narvik an. Hier feierten sie Weihnachten und Silvester, während das Schiff zum Be- und Entladen am Kai lag. Die Soldatenunterkunft war die beste, die Walter je erlebt hatte. Der Kaffee-Ersatz war der gleiche wie überall auf der Welt, aber die Kekse waren für 50 Öre nicht nur billig, sondern auch noch gut. Und es gab einen Überfluss an schönen Mädchen in der Unterkunft. Jeden Abend war außerdem Filmvorführung. Der Film, den Walter und Hans sich im Laufe von 14 Tagen mindestens viermal anschauten, hieß „Zirkus Renz". In dem Film gab es so viele Verwicklungen und dumme Szenen, dass jemand die ganze Batterie „Zirkus Häuser" taufte – nach dem allgemein unbeliebten Oberleutnant Häuser. Es war eine gewisse Befriedigung, sich wenigstens aus der Ferne über den Vorgesetzten lustig machen zu können. Man hütete sich jedoch davor, sich außerhalb der vertrauten Ecken auf Kosten des Vorgesetzten lustig zu machen. Denn das konnte schief gehen.

Während der Liegezeit in Narvik hatten die Soldaten der Scheinwerferstellung Nr. 6 eine gemeinsame Unterkunft mit ihren Vorgesetzten. Nach deren Meinung war diese Tuchfühlung etwas zu eng, besonders wenn viel getrunken wurde. Da bestand die Gefahr, dass die Trennung zwischen Vorgesetzten und Soldaten verwischt werden könnte. Wenn nun der Vorgesetzte nach so einem feuchtfröhlichen Abend aufwachte, ließ er in der Regel die ganze Mannschaft antreten. Einmal ließ Oberleutnant Häuser sogar die ganze Batterie antreten und hielt eine lange Grundsatzrede. „Haben die Soldaten auch nur einmal an die Kollegen gedacht, die an der Ostfront kämpfen? Konnten sie sich nach Dienstschluss so einfach mit dem guten Gewissen zurückziehen, dass sie ja heute alles für Vaterland, Führer und die deutsche Ehre getan hätten?" Die Hohlheit solcher Reden beeindruckte Walter. Er war zwar politisch nicht engagiert und hatte gelernt, das von ihm Verlangte zu tun. Er hatte gesehen, wie es einem ergehen konnte, wenn man eigene Ideen hatte. Trotzdem ließ ihn das offensichtlich Idiotische in Rede und Benehmen des Oberleutnants nicht los. Es war doch wohl nicht seine Schuld, dass sie hier in Narvik nichts Sinnvolles zu tun hatten.

„Zum Teufel mit dir, Walter Richter. Hättest du wie ein normaler Mensch getrunken, hätte ich jetzt zwei Mäntel!" Hans lag zusammengekrümmt im oberen Bett und versuchte, sich warm zu halten. Sie waren mittlerweile in Alta und sollten in die morgendliche Kälte hinaus, um beim Löschen der Ladung zu helfen. Keiner von ihnen hatte richtige Wintersachen dabei. Walter hatte zwar zwei Paar Hosen, aber keine lange Unterhose. Als er so auf dem Kai stand, fühlte sich die innere Lodenhose an seinem Oberschenkel wie ein kaltes Stahlmesser an. Nein, das ging nicht an. Es musste etwas geschehen. Es waren 39 Grad unter null, und wenn sie auf der Stelle standen, konnten sie sich zu Tode frieren. Ehe das Entladen richtig losging, fand Walter in einem mit Schrott beladenen Boot in der Nähe einige Blechdosen. Er zertrat sie zu einem Klumpen, und die Soldaten begannen, Fußball zu spielen. Zehn Mann liefen hin und her und traten nach dem Blechklumpen. So hielten sie sich warm, bis die Entladearbeiten begannen. Walter erlebte den längsten Tag seines Lebens. Seine Aufgabe war es nämlich, unten vom Kai den Ladebaum mit einem Tau herüberzuziehen. Waffen, Munition und Scheinwerferausrüstung wurden aus dem Laderaum gehievt. Und Walter konnte sich nur bewegen, wenn er das Tau ergriff, um den Ladebaum herüberzuziehen. In der

Zwischenzeit hüpfte er auf und ab und schlang die Arme um seinen Oberkörper, um sich warm zu halten. „Wenn das nicht schlimmer ist als die Ostfront!"

Kapitel 11

Unterkunft in Finnmark, Kvalsund

Nach dem Löschen der Ladung fuhren sie weiter von Alta nach Kvalsund, wo sie eine Weile bleiben sollten. Alle wussten aus Erfahrung, dass sie es nicht wagen durften, nach der Dauer des Aufenthaltes zu fragen. Die Scheinwerferstellung mit ihren 13 Mann wurde drei bis vier Kilometer außerhalb von Kvalsund in einer kleinen Volksschule untergebracht, deren Lehrer schon längst in die obere Etage verdrängt worden waren. Der Scheinwerfer war direkt unten am Meer aufgestellt, die aus vier 15-cm-Kanonen bestehende Artilleriestellung befand sich genau gegenüber in 300 bis 400 Metern Entfernung an einem Felsabhang. Hans und Walter waren für den Generator verantwortlich, der den Scheinwerfer mit Strom versorgte. Um diesen Job beneideten sie viele, denn der Generator stand in einem kleinen Zelt, in dem es schön warm wurde.

Der Dienst hier war jedoch noch langweiliger als zuvor, denn die Abteilung hatte so wenig Munition, dass das Schießen nur simuliert wurde. Auf einem defekten, gepanzerten Fahrzeug war eine 5-cm-Kanone angebracht, und von hier gab Hack seine Befehle, als sei es diese kleine Kanone alleine, die den Krieg entscheiden sollte. Hack war glücklicherweise die größte Frostbeule von allen. Der Drill unter freiem Himmel war für Walter und seine Kameraden folglich schnell vorbei und sie begaben sich ins Haus.

Åsenfjorden hatte immerhin den Vorteil, dass sie ab und zu einen Abstecher nach Trondheim unternehmen konnten. Hier in Kvalsund gab es nichts, zumindest keine Mädchen. Walter war mehrmals in den Ort hinunterspaziert, doch seine Hoffnung, dabei die eine oder andere Frau zu Gesicht zu bekommen, erwies sich als vergeblich. Auch mit der Post haperte es mächtig. Wenn sie schon einmal kam, war kein Brief mit der Feldpostnummer 10159 C dabei, und Walter kostete es viel Energie, schwermütige Gedanken an Gerd von sich zu schieben. Was machte sie? Sie arbeitete ja nicht mehr für die Straßenbauarbeiter, wer half ihr also jetzt mit Brennholz und Lebensmitteln? Wie gut kannte sie die zwei Marinesoldaten, die sie über den Fjord gebracht hatten? Gerd war wohl nicht der Typ, der zu Hause saß und grübelte. Oder vielleicht doch? „Jetzt gibt es nur noch dich und mich", hatte sie gesagt und den Ring über Bord geworfen. Aus diesen Worten würde er also seinen Trost schöpfen. Denn es gab hier keine Person, bei der man Trost finden konnte.

Die einzige Zerstreuung waren die so genannten Kamerad-schaftsabende drüben am Berghang bei der Heeresküstenartillerie. Hier waren um die Kanonenstellung herum fünf größere und kleinere Baracken postiert. Um der völligen sozialen „Inzucht" ent-gegenzuwirken, wurde die Scheinwerferstellung Nr. 6 dann und wann zum Kameradschaftsabend eingeladen. Dort gab es neben musikalischen Beiträgen die Möglichkeit, Karten zu spielen, vor allem aber wurde getrunken und ziemlich lärmend gesungen. Walter musste als der Jüngste in der Runde die anderen bedienen. Besonders der Obermaat genoss es, Walter herumlaufen und ein-schenken zu sehen. Wenn Hack und Oberfeldwebel Hartmann im Suff die Köpfe zusammensteckten und sich lautstark und primitiv über irgendetwas an Walter lustig machten, spürte Walter Ohn-macht und Wut. „Was von der Liebsten in Åsenfjorden gehört?", rief Hack mit einem bösen Grinsen über den Tisch, als Walter gerade dabei war, ein paar Flaschen zusammenzuräumen. Walter antwortete nicht. Schließlich war es Hack, der für die Postvertei-lung verantwortlich war; er wusste folglich nur zu gut, dass von Gerd kein einziger Brief gekommen war. „Ich habe aber etwas von Karl gehört", sagte Hack und goss nach. „Er sagt, es gehe nun wirklich nicht an, dass es weder für dein Rasierzeug noch für deine Liebste irgendeine Verwendung gebe." Hack schlug sich auf die Schenkel und brüllte vor Lachen. Oberfeldwebel Hartmann war zu besoffen, um irgendetwas mitzukriegen, aber er lachte mit. Es war schließlich Kameradschaftsabend, und da sollte man vergessen, warum man hier in dieser eisigen Einöde war. Man sollte lachen und sich amüsieren. Und es war scheißegal, worüber man lachte. Das konnte ein Flaksoldat mit schwachem Bartwuchs sein oder aber eine Geliebte, die sich derweil an einem anderen Kameraden wärmte.

Gegen Mitternacht waren der Oberfeldwebel und Hack so betrunken, dass sie gar nicht bemerkten, dass Walter und die anderen von der Scheinwerferstellung Nr. 6 sich klammheimlich zurückgezogen hatten. Dieser Rückzug war wohldurchdacht und Teil von Walters Rache. Walter und seine Kameraden wussten zu gut, dass es für Hack nicht so einfach sein würde, den betrunkenen Oberfeldwebel den steilen Abhang hinunter zur Schule zu bugsieren. Zudem war es erbärmlich kalt. Und Walters Vorahnungen bewahrheiteten sich. Nach einer Weile kam nämlich Hack den Abhang zur Schule hinuntergetorkelt – mit dem besoffenen Oberfeldwebel über der Schulter. Er schob den Oberfeldwebel in den Flur, während die anderen Soldaten mucksmäuschenstill in ihren Betten lagen und taten, als ob sie schliefen. Hack jammerte mit dünner Stimme, dass er sich fast die Hände abgefroren hätte. „Und das wäre dann eure Schuld gewesen", sagte er mit lauter Stimme, um die anderen zu wecken. „Viermal ist er zu Boden gestürzt! Habt ihr verstanden!?" Walter lugte vorsichtig mit dem einen Auge zu der kleinen Gestalt hinüber, die sich zitternd am Ofen wärmte und sich die Hände rieb wie ein eifriger Straßenverkäufer. „Hätte ruhig noch länger draußen bleiben können", dachte Walter und schlief ein.

Nie hatte Walter es für möglich gehalten, dass er sich einmal über Zahnschmerzen freuen würde. Das bedeutete nämlich, dass er mit dem Küstendampfer, der zweimal pro Woche fuhr, einen Ausflug nach Alta machen konnte. Wie allerdings Hans es geschafft hatte, an Bord desselben Dampfers zu kommen, war ihm ein Rätsel. Gerüchten zufolge hatte er Hack diskret informiert, dass er den Verdacht habe, an einer Geschlechtskrankheit zu leiden. Jedenfalls bekam er die Genehmigung, in Alta zum Arzt zu gehen. Der Oberfeldwebel in Alta war flink bei der Sache, wenn es darum ging, die Besucher aus Kvalsund zum Postendienst oder zu schweren Arbeiten einzuteilen. Und er hatte eine eigenartige Vorliebe:

Allen aus Kvalsund wurden die Haare geschnitten. Der Frisör war ein Stabsgefreiter, der vor dem Krieg nie näheren Kontakt mit einer Schere gehabt hatte. So sahen dann die Köpfe von Walter und Hans auch aus. In einem Munitionslager, in dem Walter vor seinem Zahnarztbesuch einige Stunden schuften musste, strich er sich über seinen verunstalteten Schädel. Hans musste derweil draußen Schnee schippen.

Nach zwei Tagen gingen sie wieder an Bord des Küstendampfers und betrachteten die abgemagerten und zerlumpten russischen Kriegsgefangenen, wie sie Fässer mit Kunsthonig auf das Schiff trugen. Walter und Hans dachten genau dasselbe, ohne ein Wort zu sagen: „Wie können wir so ein Fässchen ergattern?" Die Luke zum Laderaum stand halb offen und verlangte förmlich nach Besuch. Würden sie bei dem Versuch erwischt, würde es mindestens zwei Monate Arrest geben, das wusste Walter. „Wir versuchen es", sagte Hans, als ob er Walters Gedanken gelesen hätte. „Mach deinen Rucksack auf!" Walter holte den Rucksack hervor, öffnete ihn und stellte ihn sich zwischen die Beine. Als die russischen Gefangenen von Bord gegangen waren und dort alle Aufmerksamkeit auf sich zogen, eilte Hans flink wie ein Wiesel zum Laderaum, griff sich ein 10-Liter-Fass und steckte es in den offenen Rucksack von Walter. Dann gingen sie so natürlich wie möglich in den Salon und schoben den Rucksack unter die Bank, auf der sie saßen. Nach der Ankunft in Kvalsund waren Walter und Hans die Ersten, die an Land gingen, galt es doch, möglichst weit weg zu sein, wenn der Diebstahl aufflog. Wenn sie Glück hatten, würden wohl die Kriegsgefangenen die Schuld bekommen. Einige hundert Meter vor der Schule versteckten sie das Honigfass unter einem großen Stein.

Am Wochenende darauf gab es in der Schule ein Festmahl. Einige Flaksoldaten hatten Tabak gegen Kartoffeln eingetauscht, und keiner fragte danach, woher Walter und Hans den Honig hatten. Zum ersten Mal brieten sie Kartoffeln in Honig. Es roch so gut, dass der Lehrer aus dem ersten Stock herunterkam, um zu sehen, was denn hier so einen Duft verbreitete. „Nehmen Sie sich eine Kartoffel, Herr Lehrer", sagte Walter, „schließlich gibt es in Kvalsund nicht jeden Tag Kartoffeln in Honig gebraten!"

Die Tage vergingen mit Postendienst, Training an der idiotischen 5-cm-Kanone, die nie einen Schuss abfeuerte, und mit Phantasien, was man wohl tun würde, wenn man eines Tages von hier weg käme. Der Honig reichte bis in den Mai hinein, dann war er aufgebraucht. Dafür war mit den Vorgesetzten der Nr. 6 eine stillschweigende Übereinkunft getroffen worden, dass wenn es jemandem gelang, etwas Essbares zu schießen, er die Patrone mit Hilfe einiger Tricks zurückbekam. Schoss man daneben, war es nicht so leicht. Und beim Appell anzutreten und nicht die vorgeschriebenen 60 Schuss dabei zu haben, war sehr gefährlich.

Kapitel 12

An einem Maimorgen hatte Walter Postendienst und beobachtete, wie sich eine Schar Enten in günstiger Schussentfernung auf dem Fjord niederließ. Sollte er versuchen, eine Ente zu schießen? Er hatte eine sichere Hand und Hack auf dem Schießplatz des Öfteren verärgert, da er einer der Treffsichersten war. Er wollte es versuchen und legte das Gewehr an. Er peilte die Ente über Kimme und Korn an und zog den Abzug nach hinten, bis der Schuss sich löste. Der Schuss hallte den Abhang hinauf, in den blauklaren Morgen hinein, und das Echo war wie ein fernes Gewitter zwischen den Berggipfeln. Walter ruderte hinaus und fischte die abgeschossene Ente aus dem Fjord. Zehn Minuten später stand Hack auf der Treppe vor der Schule und winkte Walter heran: „Schön was angerichtet. Oben bei der Artillerie haben sie Alarm ausgelöst, und ich habe wahrheitsgemäß gesagt, dass nur Sie den Schuss abgefeuert haben können. Sie wissen ja, wie nervös die sind. Sie sollen sich umgehend beim Leutnant melden."

Nie war der Weg hoch zur Artilleriestellung so lang gewesen. Dass die Idioten da oben auch Alarm auslösen mussten! Sie mussten doch kapieren, dass nicht die Russen kamen – bei einem einzigen abgefeuerten Schuss! Walter musste vor dem Dienstzimmer des Leutnants mehr als eine halbe Stunde warten. Dann konnte er eintreten. Anfangs hatte Walter eine gewisse Hoffnung, er könne sich vielleicht irgendwie aus der Sache rauswinden. Nein, er wollte gar nichts abstreiten, aber der Leutnant machte den Eindruck, als ob Walter bei ihm Verständnis finden könnte. Eine Ente von Zeit zu Zeit war doch wohl nicht so schlimm? Walter hatte sich jedoch geirrt. Der Leutnant sagte ganz ruhig, ohne sich aufzuregen, die Angelegenheit müsse dem Oberleutnant in Alta gemeldet werden. Dann durfte Walter gehen. Das verhieß nichts Gutes. Mit dem Oberleutnant in Alta war nämlich nicht zu spaßen. Der schickte die Soldaten ohne mit der Wimper zu zucken in den Arrest. Die Soldaten wussten das zu gut. Die 14 Tage, die Walter warten musste, ehe er zum Oberleutnant in Alta vorgeladen wurde, wurden sehr lang. Zumal jeden Abend spekuliert wurde, wie viele Tage er bekommen würde. Hans tröstete ihn auf seine Weise. „Du kommst wohl kaum an die Ostfront", sagte er, „und das Essen schmeckt dort genauso nach Tran wie hier."

An einem Tag Ende Mai kam Walter also zum zweiten Mal mit dem Küstendampfer nach Alta. Ängstliche Gedanken rasten ihm durch den Kopf. Er hatte Angst vor den Launen des Oberleutnants. Persönlich hatte er nie mit ihm zu tun gehabt, er galt jedoch allgemein als unberechenbarer Offizier. Aber das waren wohl die meisten. Zumindest lebten sie in einer anderen Welt, und jetzt hatte eben einer von denen Walters unmittelbares Wohlergehen in seiner Hand.

Walter betrachtete ehrfürchtig die schneidige Uniform des Oberleutnants und entdeckte darauf einen ihm bekannten Orden: das Eiserne Kreuz 2. Klasse. Das hatte nämlich auch Hack erhalten. Während eines Luftangriffs hatte Hack befohlen, den Scheinwerfer in Betrieb zu nehmen. Die Artillerie schoss ein englisches Kampfflugzeug ab und Hack bekam das Eiserne Kreuz. Der Oberleutnant hatte wahrscheinlich noch Größeres vollbracht.

Am Koppel trug er seine Pistole. War er zufrieden mit seinem Dasein als Schreibtischoffizier oder wäre er lieber an der Front? Wahrscheinlich war er – allen Orden zum Trotz – froh, eben hier zu sein. Walter stand stramm und starrte vor sich hin. Trotzdem konnte er aus den Augenwinkeln dies und jenes beobachten. An der Holzwand hing der Führer wie in allen Dienstzimmern und Büros, und die Papiere auf dem großen Schreibtisch lagen so, wie sie liegen sollten. Der Oberleutnant besah sich Walters Führungsbuch, wobei er einige Male ein Räuspern vernehmen ließ. Das verhieß nichts Gutes. Dann legte er das Buch zur Seite und nahm die Brille ab. Verdrießlich blickte er Walter an: „Ohne Befehl das Feuer eröffnet. Was ist das für eine Disziplin?" Walter wagte nicht, zu antworten. Er wurde steif und bekam Angst. Erwartete der Oberleutnant eine Antwort? „Seit dem Lehrgang in Pommern sind hier etliche negative Eintragungen über Ihren Dienst verzeichnet. Kurz gesagt: Meine Batterie und ich sind mit Ihrem Betragen nicht zufrieden!" Der Oberleutnant legte die Handflächen auf den Tisch und sagte dann laut: „Deutsche Munition hat andere Ziele als Enten. Sieben Tage verschärfter Arrest. Melden Sie sich beim Stabsarzt. Die Verbüßung der Strafe beginnt morgen." Walter trat korrekt ab und eilte hinaus. Er wusste nicht genau, ob er zufrieden oder unzufrieden sein sollte, zumindest war er froh, dass es vorbei war.

Das Dienstzimmer des Stabsarztes befand sich auf dem Lagergelände, Walter begab sich fast im Laufschritt dorthin. Niemand sollte mehr über seine Diensterfüllung klagen. Er klopfte und trat ein. Es waren zwei Personen anwesend, neben dem Stabsarzt hatte offensichtlich auch noch ein Unteroffizier hier sein Dienstzimmer. Walter stellte sich gerade hin und sagte mit lauter Stimme: „Ich melde mich hiermit zur Arresttauglichkeitsuntersuchung." „Raus!" Der Arzt schlug mit beiden Fäusten auf die Tischplatte und erhob sich mit Gebrüll. Walter zuckte zusammen und stürzte hinaus. Draußen stand er leicht benommen und überlegte, was er denn falsch gemacht hatte. Dann trat der Unteroffizier heraus und schloss sachte die Tür hinter sich. Er trat an Walter heran und sagte mit ernster Stimme: „So dürfen Sie keine Meldung machen. Oder haben Sie das so gelernt?" Walter hatte den Kopf voll mit den Gedanken an den Arrest gehabt und in aller Aufregung vergessen, eine korrekte Meldung zu machen.

Dann ging der Unteroffizier wieder hinein, ohne ihm zu sagen, was er nun machen sollte. Sollte er es noch einmal probieren oder sollte er einfach hier stehen bleiben? Das ging doch auch nicht. Und gehen konnte er schon gar nicht. Wenn der Arzt nun wieder einen Wutanfall bekommen würde? Bekäme er dann noch mehr Tage im Arrest? Walter war verzweifelt. Warum bloß konnten die einem nicht richtig sagen, was man zu tun hatte? Er würde ja gerne eine korrekte Meldung machen. Er versuchte sein Glück und klopfte an die Tür. „Herein!" Walter trat vor, schlug die Hacken mit einem Knall zusammen, schlug die Arme seitlich an den Körper und schrie: „038095/42K, Obergefreiter Walter Richter meldet sich gehorsamst zur Tauglichkeitsuntersuchung für den Arrest." Sie ließen ihn einen Augenblick stehen und nahmen dann die Papiere vom Oberleutnant an sich. „Sie haben also eine Ente geschossen?", fragte der Arzt, als handelte es sich um Hochverrat. Der Arzt und der Unteroffizier schauten sich kurz an, und Walter meinte, ein leises Lächeln zu entdecken. Er fühlte sich erleichtert. Gern würde er die gespielte Entrüstung des Arztes über die Untat aufgreifen. Schnell verstand Walter, dass für den Arzt die sieben Tage mehr als genug waren.

Da der Tag im Arrest jeweils um zwölf Uhr begann, musste Walter bis zum nächsten Tag warten, um seine Strafe antreten zu können. Ein älterer Obermaat, der schon im Ersten Weltkrieg mit dabei gewesen war, begleitete Walter hinein. Die Bemerkung, dass dies bereits sein zweiter Krieg sei, war auch schon so gut wie alles, was er sagte. Chef des Arrests war ein Feldwebel vom Heer, Stellvertreter war ein Obergefreiter. Der Arrest war im Grunde eine ganz normale Baracke mit zwei Männern in einem Zimmer. Das Ganze war von Stacheldraht umgeben. Nach dem Antreten am Morgen wurden die Insassen zu verschiedenen Arbeiten abkommandiert.

Sieben Tage lang hob Walter einen Kabelgraben für die Nachrichtentruppe aus. Während des Grabens durfte man sich ein wenig unterhalten, am Abend sollte es jedoch still sein. Walter war die ersten Tage etwas zurückhaltend mit seinen Fragen, er merkte jedoch nach und nach, dass er es bei diesem Spatenkommando mit einer bunt gemischten Gesellschaft zu tun hatte. Ein älterer Zivilmatrose, zwischen 60 und 70 Jahre alt, sagte nicht sehr viel, machte jedoch einen angenehmen Eindruck. Jedenfalls bot er Walter eine Zigarette an, als sie einmal fünf Minuten Pause machten. Natürlich konnte Walter ihn nicht nach allem ausfragen, aber der Matrose erzählte bereitwillig und gern. Eines Tages war er in die Kombüse des Frachters gekommen, auf dem er gerade fuhr, hatte auf das Hitler-Bild über der Tür gezeigt und gesagt: „Da hängt er, der Lump!" Das hatte ihm zwölf Jahre eingebracht. Walter dachte, das sei wohl etwas übertrieben, doch der alte Obermaat bestätigte das vom Matrosen Gesagte. Am nächsten Tag, während einer Zigarettenpause, fragte Walter vorsichtig: „Bist du sicher, dass du nicht mehr gesagt hast?" Der Matrose nickte und Walter musste an die in Pommern verlesenen Todesurteile denken.

Für Walter war das eine neue Welt. Er hatte natürlich gewusst, dass Soldaten verschiedene Strafen bekamen, aber das persönliche Zusammentreffen mit solchen Soldaten war doch etwas Neues. Besonders beeindruckte ihn der leise Bericht eines früheren Leutnants. Es dauerte eine Weile, ehe Walter es wagte, ihn anzusprechen. Selbst wenn er grub, tat er das mit einem gewissen Stil, die Grabenränder waren schnurgerade, und sogar die Arbeitsuniform schien Walter etwas Offiziersartiges auszustrahlen.

Wenn der alte Obermaat Aufsicht hatte, gab es recht häufig Pausen. Der Leutnant hielt sich meist am Rand und sagte nichts. Er war stumm und ernst. Walter überlegte, wie er ihn zum Sprechen bewegen könnte. Eines Tages griff er sich eine Tafel Schokolade, die er von Hans mit auf den Weg bekommen hatte. Während einer Pause bewegte sich Walter wie zufällig auf den Leutnant zu. „Wenn Sie schon nicht rauchen, essen Sie vielleicht Schokolade?" Der Leutnant sah Walter freundlich an und antwortete: „Ich meine, die sollten Sie selbst essen." „Meine Chancen, mir eine neue Tafel Schokolade zu besorgen, sind gewiss größer als Ihre", sagte Walter schlagfertig. Es war merkwürdig, mit so einer Person zu sprechen. Er war Arrestinsasse wie Walter, hatte jedoch vor nicht allzu langer Zeit noch einer ganz anderen Welt angehört. Man hatte schließlich nicht jeden Tag die Gelegenheit, mit jemandem zu sprechen, der einmal Leutnant gewesen war.

Erst am Tag von Walters Entlassung erzählte der Leutnant, was ihm widerfahren war. Walter war die ganze Zeit in der Nähe des Leutnants gewesen und sie hatten über Gott und die Welt geredet. Am Schluss wurde Walter etwas persönlicher und fragte nach Familie und Herkunft des Leutnants. Und der Leutnant hatte gern erzählt, besonders von seiner Tochter. Walter konnte gut Fragen stellen, und am Ende waren beide überrascht, wie detailliert der Leutnant über seine Familie berichtet hatte.

Während der letzten Pause sagte der Leutnant plötzlich, ohne dass Walter ihn danach gefragt hätte: „Mir wurde Feigheit vor dem Feind vorgeworfen. Eines Tages fuhr ich einen etwas abgelegenen Weg in der Nähe von Banak entlang. Da sprang ein Deserteur aus dem Straßengraben und bedrohte mich mit einem Gewehr. Ich hielt an und stieg aus. Der Mann schrie wie verrückt, ich solle mein Koppel samt Pistole wegwerfen und ihm das Fahrzeug geben. Da hatte ich wohl keine andere Wahl. Weit ist er sicherlich nicht gekommen. Ich ja übrigens auch nicht", fügte er lakonisch hinzu. „Ich soll drei Jahre lang hier bleiben."

Das waren also keine Räubergeschichten. Diese Männer saßen leibhaftig vor ihm. Und plötzlich kam Walter sein eigenes Vergehen – eine Ente geschossen zu haben – lächerlich vor. Und er würde wohl nie wieder Kunsthonig oder Schnaps einfach so stehlen. Aus irgendeinem Grunde diskutierten sie ihr eigenes Schicksal nicht. Was nützte es auch zu klagen? Vielleicht ahnten sie insgeheim, dass ihr Gefängnisaufenthalt nun doch nicht mehr so lange dauern würde.

Es war immer wieder tröstlich, ein Schicksal zu finden, das schlimmer war als das eigene. An einem Abend erzählte der Obermaat von einem Gefangenen, der so gefährlich war, dass er hier nicht mit den anderen zusammen sein durfte. Er stand unter der persönlichen Aufsicht des Oberleutnants und wartete auf den Transport in Richtung Süden. „Was ihn dort erwartet, ist wohl klar", sagte der alte Obermaat und hielt einen Moment inne. Der Gefangene sei ein waschechter Deutscher gewesen, der mit einem Fallschirm abgesprungen war und ein sowjetisches Funkgerät bei sich hatte. Er habe eine originalgetreue Luftwaffenuniform angehabt, es war nur sein Pech, dass sich im Umkreis von mehreren Dutzend Kilometern keine einzige Luftwaffeneinheit befand. „Wenn er nackt gewesen wäre, hätte er geringeres Aufsehen erregt", sagte der Alte ernst.

Die Zeit im Arrest wollte Walter nicht missen. Das sagte sich leicht, nun, da er das Lager wieder verließ und sich an Bord des Küstendampfers begab. Ja, er hatte im Arrest eine Menge dazugelernt. Das Schicksal der anderen Insassen hatte ihn beeindruckt. Und er wusste nicht, ob sie ihm leid taten oder ob er nur froh war, nicht in ihrer Haut zu stecken. Auf jeden Fall hatten ihn die Gespräche nachdenklich gemacht. Ja, sicher war es nötig, aber von wem verdammt konnte man erwarten, auf eine Gewehrmündung zuzugehen und damit praktisch Selbstmord zu begehen?

Anfang Juni wurden alle Scheinwerferstellungen nach Alta versetzt. Die Scheinwerfer machten nicht viel Sinn, wenn rund um die Uhr die Sonne schien. In Alta hingegen konnten die Soldaten wenigstens Munitionskisten schleppen. Und der Dienst war im Grunde in Ordnung, wenn sich auch das Kreuz nach einem langen Arbeitstag bemerkbar machte. Das Beste an Alta war, dass es hier mehr Menschen gab. Sogar Mädchen waren da, aber gegen die Konkurrenz bestand keine Chance. In der Unterkunft kamen auf 10 bis 15 Mann nur zwei bis drei Mädchen.

Walter knüpfte indessen Kontakt mit den Matrosen von der „Tirpitz", die gerade in Kåfjord lag. Sein Traum war es ja ursprünglich gewesen, Seemann zu werden, doch als die Matrosen von dem harten Dienst an Bord erzählten, war er froh, dass er das war, was er war. Die ständigen Luftangriffe auf das Schiff zerrten offenbar an den Nerven der Matrosen. Ein etwas älterer Seemann lächelte Walter zu und sagte, er würde seinen Dienst auf der Stelle gegen Walters eintauschen, wenn das möglich wäre. „In der letzten Zeit sind wir ständig nur auf der Flucht. Die verdammten Engländer werden immer frecher."

Eines Abends, als er Posten schob, ließ Walter seine zwei Jahre in Norwegen Revue passieren. Wenn er so zurückdachte, hatte er eine Menge erlebt. Die Rekrutenzeit in Horten lag schon eine Ewigkeit zurück, und auch die Zeit, seit er Gerd zum letzten Mal gesehen hatte, kam ihm wie eine Ewigkeit vor. Und daran dachte er am meisten. Wie würde es sein, sie wiederzusehen? Über die Zukunft zerbrach er sich nicht so sehr den Kopf, es war ja auch unmöglich, dazu irgendeine Meinung zu haben. Er wusste nur, dass die Russen bereits gefährlich nah gekommen waren. Gerüchte machten die Runde, aber anders als in den ersten Jahren waren Meldungen über deutsche Siege jetzt rar. Hans hatte wohl recht. Dies hier konnte nie gut gehen.

Im August 1944 erreichten Walter in Alta zwei Nachrichten, die er nie vergessen sollte. Die erste war die freudige Meldung, dass die Gruppe in einigen Tagen abreisen würde. Direkt wurde ihnen das nicht gesagt, aber sie erhielten den Befehl, die Scheinwerfertechnik zusammenzupacken und sich bereitzuhalten. Die zweite Nachricht erreichte ihn zwei Tage vor der Abfahrt. Sie saßen gerade mit einigen anderen Soldaten in der verqualmten Soldatenunterkunft, als ein fremder Marinesoldat ihm auf die Schulter schlug und fragte, ob er Walter Richter heiße.

„Ja, das bin ich."

„Ich habe gerade zwei Wochen Urlaub und komme aus Åsenfjorden", sagte der Soldat. „Du hast einen Sohn."

Kapitel 13

Die Ankunft nach der Rückkehr aus Nordnorwegen hatte Walter sich anders vorgestellt. Die Scheinwerferstellung Nr. 6 wurde im August 1944 zunächst bei Trolla Brug stationiert. Von hier aus ließ Walter Gerd die Nachricht zukommen, dass er nun zurück sei. Am ersten Sonntag trafen sie sich an der Anlegestelle der Fähre aus Åsenfjorden. Das Wiedersehen war alles andere als herzlich. Gerd wirkte reserviert, sagte wenig und überließ Walter die Initiative. Und Walter hatte auch keine Lust zu fragen, was hier nicht stimmte. Vielleicht war ja auch alles in Ordnung. Vielleicht war sie nur müde. Sie hatte ja schließlich ein kleines Kind zu betreuen. Vielleicht litt ihre Stimmung darunter.

Walter erzählte von Nordnorwegen, von lustigen und interessanten Geschehnissen, aber Gerd wirkte weiterhin abwesend. Er erkundigte sich nach dem Kind, bis er schließlich nach ein paar weiteren Fragen nicht mehr wusste, worüber sie noch reden sollten. Das Gespräch kam ins Stocken, und Walter war traurig, dass Gerd sich nicht über das Wiedersehen freute.

Nachdem sie einige Stunden durch die Straßen von Trondheim gelaufen waren, nahmen sie die Fähre zurück nach Åsenfjorden. Walter hatte noch bis zum nächsten Tag Ausgang und begleitete Gerd nach Undlien, wo sie jetzt in zwei Zimmern wohnte. Spät am Abend kamen sie an, und Walter ging gespannt die dunkle, steile Treppe in den ersten Stock hinauf. Dann kam Gerd mit dem Kind, auf das die alte Minda aufgepasst hatte. Walter stand neben dem Küchentisch und sah Gerd mit einem kleinen Bündel auf dem Arm hereinkommen. Sie legte das Kind auf den Tisch und machte das

Licht an. Vorsichtig schnürte sie dem Kind das Mützchen auf, knöpfte das Wolljäckchen auf, beugte sich über ihren Sohn, lächelte ihn an und sprach mit warmer, leiser Stimme. „Wenn sie doch mit mir auch so reden würde", dachte Walter.

Das Hantieren mit dem Baby verlieh Gerds Augen einen ganz eigenen Glanz. Walter schaute etwas unsicher zu und spürte eine gewisse Hoffnung in sich aufkeimen. Es war immer gut, Gerd lächeln zu sehen. Vielleicht hatte er ja unrecht. „Schau her, Walter, das ist dein Sohn." Walter trat zögernd näher und sah zum ersten Mal seinen Sohn. Sein erster Gedanke war, dass der Junge Gitta, seiner kleinen Schwester, ähnlich sah. Er wusste auch nicht richtig, welche Art Gefühle er erwartet hatte, denn er empfand im Grunde nichts Besonderes. Mehr beschäftigte ihn, was wohl in Gerd vor sich ging. Er strich seinem fest schlafenden Sohn mit dem Finger über die Wange. „Willst du ihn mal halten?" Gerd hob den Jungen vorsichtig hoch und gab ihn Walter. „Und wenn er nun aufwacht?" Gerd lachte. „Er muss sowieso bald etwas zu essen bekommen." Walter wusste nicht richtig, wie er das kleine Bündel halten sollte und hielt es etwas ungeschickt von sich weg.

Gerd zog den Pullover über den Kopf, knöpfte die Bluse auf und schob die eine Brust über das Unterkleid. Walter bemerkte, dass sie fülliger geworden war. Die Brust war groß und schwer. Und die Fettwülste an der Seite waren vorher auch nicht da gewesen. Sie führte den Kopf des Babys an die Brust und lächelte Walter an: „Was guckst du denn so?" Als ob sie seine Gedanken gelesen hätte. „Der Babyspeck geht schnell wieder weg", sagte sie und schmunzelte. „Ja, natürlich", sagte Walter etwas verlegen. Das erste Mal saß er so nahe bei einer stillenden Frau, und er fühlte sich ein bisschen wie ein Eindringling. Ein seltener Glücksmoment hätte das werden sollen, eine schöne Erinnerung für das ganze Leben; aber irgendwo ganz tief unten lauerten düstere Gedanken, die alles zerstörten und die Walter Angst machten. „Ich finde, du siehst gut aus", sagte er wie in einem Versuch, diese düsteren Gedanken zu verbannen.

„Nun übertreib mal nicht, aber mit der Zeit wird es schon besser werden", sagte sie und hatte wieder diese unbestimmbare Ferne in ihrer Stimme.

In der Nacht lagen sie dann still nebeneinander und Walter wunderte sich, warum Gerd kein Wort sagte. Wie konnte man über das Wichtigste im Leben nur schweigen? Was sollte aus ihnen werden? Plötzlich hörte er sich selbst sagen: „Kannst du etwas über deine Gefühle für mich sagen?" Das hörte sich mächtig erhaben an, aber irgendetwas musste er doch sagen. Nach einem Augenblick hörte er sie seufzen: „Ich glaube, ich liebe dich." Walter spürte die Enttäuschung in sich. „Glaubst du?", fragte er leise. „So etwas musst du doch wissen!?" Letzteres dachte er nur. Sie antwortete nicht, und er wollte auch nicht weiter fragen.

Kapitel 14

Drei Wochen vergingen, ehe Walter wieder Ausgang hatte und nach Åsenfjorden fahren konnte. Er hatte sich eine kleine Flasche Genever besorgt, aber seine Freude war nicht ungetrübt. Irgendwie mussten sie sich aussprechen. Gerd musste ihm sagen, was los war. Zugleich fürchtete er jedoch ihre Antwort, die er tief in sich bereits zu ahnen meinte.

Als er ankam, wickelte Gerd gerade den Kleinen. Schon bald merkte er, dass sie nicht besonders gut gelaunt war. Sie beklagte sich, dass so viel zu tun und keiner da sei, um ihr zu helfen. Sie selbst musste Wasser holen, Holz hacken und den langen Weg zum Kaufmann gehen. Wenn sie nicht genug Margarine- und Brotmarken hatte, ergaunerte sie sich unten am Kai ein bisschen Hering. Walter hörte sich ihr Klagelied an. „Kann ich denn irgendwas machen?" „Ich habe die Erlaubnis, die alte Anlegestelle zu Brennholz zu verarbeiten. Du kannst dort Holz holen", sagte sie mürrisch. Walter ging hinunter und arbeitete mehrere Stunden, löste die Bretter, sägte sie zurecht und karrte sie hinauf nach Undlien. Durch die Arbeit mussten all seine Fragen warten, und dieser Aufschub war ihm eigentlich willkommen.

Am Abend dann sprach Gerd dem Genever mächtig zu. Walter hatte nicht damit gerechnet, dass sie sich so betrinken würde. Plötzlich legte sie den Kopf auf die Arme und schluchzte laut. Walter sah sie an und begriff, dass das nicht der richtige Augenblick war, um ernste Dinge zu besprechen. Er griff sie sachte am Arm und wollte ihr aufhelfen. „Komm, wir legen uns hin", sagte er leise. „Hör auf", schrie sie und entriss ihm den Arm. „Ich kann selber gehen!"

Er hörte, wie sie sich in der Kammer auszog, aber er fand, es war zu früh, sich schlafen zu legen. Sie konnte ihm gestohlen bleiben! Walter leerte die Flasche und blieb grübelnd sitzen. Wo hatte er sich hier reinmanövriert? Wenn er sich nun nichts aus Gerd machen würde, dann wäre es entschieden leichter. Er könnte einfach die Treppe hinuntergehen und auf alles pfeifen, was mit Gerd zu tun hatte. Aber so war es nicht. Er war zwar wütend, stinksauer auf sie, aber einfach gehen – das konnte er nicht. Oben bei Trolla Brug, wo er stationiert war, dachte er die ganze Zeit nur an sie. Da malte er sich verschiedene Varianten aus. Es gab doch sicher eigene Lager für Norwegerinnen, die deutsche Soldaten heiraten wollten. Die Möglichkeit gab es. Sie könnte mit nach Schwarzheide kommen. Seine Mutter würde bestimmt Gefallen an ihr finden. Und der Vater wahrscheinlich auch. Die Sprache beherrschte sie perfekt. Sie könnte den Haushalt besorgen, während er zur Arbeit ins Labor ging.

An seinen Sohn dachte er nicht so viel. Da war ein gewisser Abstand zwischen dem Kind und ihm. Er war in vielerlei Hinsicht Gerds Kind. Sie hatte die Verantwortung. Sie hatte den täglichen Kontakt. Nicht, dass er sich nichts aus dem Kind machte, aber vielleicht dauerte es einige Zeit, ehe man ein Kind lieb gewann. Er wusste es nicht, aber er spürte, dass es da eine gewisse Neugier gegenüber dem Sohn gab. Neugier, was die Zukunft bringen würde. Auf alle Fälle würde der Kleine sicher einmal gut Fußball spielen. Auf Undlien hatte Gerd mit hochgekrempeltem Rock im Tor gestanden, wenn Walter und seine Kameraden auf der Wiese spielten.

Plötzlich wachte Walter auf, weil das Kind in der Kammer schrie. Er hatte gar nicht an das Kind gedacht. Er sah sich verzweifelt um und rief mit gedämpfter Stimme in Richtung Kammer: „Das Kind weint!" Aber Gerd rührte sich nicht. Walter erhob sich, ging in die Kammer, beugte sich über Gerd und legte ihr die Hand auf die Schulter. „Gerd, der Junge weint!" Er versuchte es noch einmal etwas lauter und rüttelte Gerd. „Nein, Karl, lass das", murmelte sie, „jetzt nicht." Walter erstarrte. Was zum Teufel hatte er da gehört? Waren also Hacks Anspielungen wirklich wahr? Eine Mischung aus Wut und Verzweiflung bemächtigte sich seiner. Sie hatte genug gesagt. Jetzt rüttelte er sie wirklich derb, bis sie aufwachte. „Der Junge heult!" Seine Stimme war unerbittlich. Gerd stand auf, torkelte in die Küche hinaus und setzte Milch auf. Walter setzte sich ermattet auf die Bettkante und hielt die Hände zwischen den Knien. Er musterte den Flickenteppich auf dem Fußboden, als ob er von dort eine Antwort erwarten konnte. Dann legte er sich, angezogen wie er war, ins Bett, drehte sich zur Wand und zog sich die Decke über die Ohren. Nein, für heute langte es.

Am nächsten Morgen hatte er frei. Gerd war in der Nacht noch einmal aufgestanden und war ganz offensichtlich müde, wie sie da am anderen Ende des Küchentisches saß. Walter hatte zwei Scheiben Schwarzbrot mit Margarine beschmiert. Etwas Milch hatten sie auch. Hier in Undlien war es eben leichter, an bestimmte Dinge heranzukommen. Der Kaffee-Ersatz schmeckte jedoch genauso schlecht wie überall.

Da sagte Walter in die Stille hinein: „Du hast mich heute Nacht Karl genannt." Gerd zeigte sich wenig überrascht. Nach einer kurzen Pause antwortete sie: „Na und?" „Bist du mit ihm auch zusammen gewesen?" „Das geht dich nichts an!" Walter fühlte die

Wut in sich hochsteigen. Und die Wut war stärker als die Trauer. Ihre Unverfrorenheit provozierte ihn. Alles, was sie einmal gesagt und versprochen hatte, stand plötzlich in einem brutalen Kontrast zu dem, was sie getan hatte. „Du bist voll von Lüge. In Pommern und Kvalsund habe ich jeden Tag auf einen Brief von dir gewartet. Du hast versprochen zu schreiben. Weißt du, was es bedeutet, dazusitzen und zuzuschauen, wie die Kameraden Liebesbriefe lesen? Weißt du, wie einem Ungewissheit zu schaffen machen kann?" Walter wurde lauter und sah ihr in die Augen. Gerd starrte ihn mit zusammengekniffenem Mund an. „Und als ob das nicht genug wäre", sagte er weiter, „da stellt sich jetzt noch heraus, dass alles Gerede von Heiraten und Treue pure Lüge war. Du erinnerst dich doch an den Ring auf dem Dampfer? Nur wir beide, hast du gesagt. Ja, das hast du gesagt! Aber kaum bin ich an Bord des Schiffes nach Nordnorwegen, treibst du es schon mit Karl. Wir haben zum letzten Mal miteinander gesprochen." Der letzte Satz war ihm nur so herausgerutscht. Wenn er erregt war, sagte er leicht Dinge, die er eigentlich nicht so meinte. „Und du glaubst, da mache ich mir was draus?" Gerd wollte nicht auf diese Weise angesprochen werden. Das war etwas Neues und Unangenehmes. „Geh nur. Glaubst du, ich bin abhängig von dir?"

Walter zog Stiefel und Mantel an. Er schwieg, als er die Mütze aufsetzte und Gerd ansah. Dann drehte er sich um, ging die Treppe hinunter und verschwand. Auf dem Weg zur Fähre fühlte er sich etwas benommen. Jetzt war es also passiert. Jetzt war alles vorbei. Verdammt schade, dass es so enden musste, aber das war ihre Schuld. Was hatte er denn Falsches getan? Aus Gerd war wahrhaftig nicht leicht klug zu werden. Noch war es die Wut, die die traurigen Gedanken und den Schmerz wegschob. Während der Überfahrt nach Trondheim ließ dann die Wut allmählich nach und eine tiefe Traurigkeit ergriff ihn. Er liebte Gerd und spürte, dass es mehr als einen einzigen Streit brauchte, um sich von ihr zu trennen. Was sollte denn nun werden?

Als Hans und Walter einige Wochen später an einem Sonntag ins Kino gingen, trafen sie eine Freundin von Gerd. Sie nahm Walter beiseite und sagte mit leiser Stimme, dass Gerd ihn gern wiedersehen wolle. „Ihr geht es nicht so gut", sagte sie, während ihr Soldatenfreund sie schon ungeduldig am Arm zerrte. Walter spürte, wie froh er wurde. Von dem Film bekam er nicht sehr viel mit, er dachte nur die ganze Zeit daran, dass Gerd mit ihm sprechen wollte. Einerseits wäre er am liebsten gleich nach Åsenfjorden gerannt, um sie zu umarmen. Andererseits genoss er es, ihre Reue auf sich wirken zu lassen. Das steigerte sein Selbstwertgefühl. Nein, es wäre nicht klug, ihr hinterherzulaufen. Er würde sich nicht erniedrigen und wie ein Vorstehhund vor ihr sitzen, um ihr die Pfote zu geben. So würde er Gerd nicht wiederbekommen.

Kapitel 15

Nach dem Verlust der „Tirpitz" wurden etliche Scheinwerferstellungen umgruppiert. Das führte dazu, dass eine ganze Menge Kohle zurückblieb, die zum Betreiben der Generatoren gedient hätte. Diese Kohle sollte jetzt nach Trondheim zurücktransportiert werden. Im Dezember 1944 wurde Walter von Trolla Brug aus als Ortskundiger nach Åsenfjorden abkommandiert. Walter, der Fahrer und ein paar Soldaten bezogen auf Aunan Quartier. Die Arbeit sollte in zwei Tagen erledigt sein. Der erste Arbeitstag wollte und wollte kein Ende nehmen. Am Nachmittag versuchte er, den gröbsten Kohledreck von seiner Arbeitsuniform zu entfernen. Er wollte so adrett wie möglich erscheinen. Zumindest war der Mantel einigermaßen sauber.

Dann trabte er in den kalten Winterabend hinaus und hatte auf dem Weg nach Undlien genug Zeit zum Nachdenken. Gerd sollte verstehen, dass er nicht ihretwegen nach Åsenfjorden zurückgekehrt war. Aber wenn er schon einmal hier war, könnte er ja einmal vorbeischauen. Etwas anderes durfte sie nicht glauben. Zum Schluss war er im Reinen mit sich, was er sagen würde. Endlich war er da.

Er blieb im Flur stehen und bürstete sich den Schnee ab. Da stand er vor der wohl bekannten Treppe und dachte so bei sich, dass diese grauen Holzwände schon viel Dramatisches erlebt hatten. Denn es war ja viel passiert bei den zwei Malen, als er hier gewesen war. Was würde jetzt geschehen? Er stapfte die Treppe hoch und klopfte an. Gerd öffnete ihm die Tür und war sichtlich überrascht.

„Walter?! Du bist es? Komm herein. Was machst du denn hier? Das ist aber schön."

Walter zog den Mantel aus und setzte sich an den Küchentisch. Sie war ganz offensichtlich froh, ihn wiederzusehen. Er erzählte dies und jenes, wollte aber eigentlich die ganze Zeit über ernstere Dinge reden. Sie lief geschäftig umher und war ganz benommen, dass Walter wieder auf Undlien war. Am liebsten wäre er aufgestanden, um sie zu umarmen, aber das wagte er nicht. Wie würde sie darauf reagieren? „Na, wie geht es dir denn so, Gerd?" Sie wurde plötzlich still, setzte sich, umfasste die Tasse mit den Händen, als wolle sie sich wärmen. „Du weißt, wie es mit mir ist, Walter. Ich bin nicht dazu geschaffen, alleine zu sein. Ich bin öfters mit Fischwasser zusammen. Dort hinten am Spiegel, das ist sein Rasierzeug. Habe aber auch viel an dich gedacht. Es ist nicht so einfach."

Sie erhob sich und setzte sich dann auf seinen Schoß. Er strich ihr übers Haar und ließ seine Hand über ihre Wange bis hinunter zur Brust gleiten. Die Wärme ihres weichen Körpers erfüllte ihn mit Freude, er drückte sie ganz fest an sich. „Es ist schon eine Weile her jetzt, Walter", flüsterte sie ihm ins Ohr. Er umfasste sie und klammerte sich an sie, als ob er sie nie mehr loslassen wollte. Jetzt war sie bei ihm. Jetzt hatte er sie wieder in seinen Armen. Er hätte gut und gerne tausend Jahre so verharren können.

Da meldete sich wieder das Baby. Aus der Kammer ertönte Kinderweinen, und Gerd löste sich sachte aus seiner Umarmung. „Warum muss er nur immer im verkehrten Moment weinen", dachte Walter und schaute Gerd nach. „Lieber Gott, warum konnte er diese Frau nicht haben?"

Kurz darauf hörte man jemanden in Stiefeln die Treppe hochkommen. Gerd machte die Tür auf und sagte mit gespielter Unbekümmertheit: „Walter ist hier. Er soll hier zwei Tage lang Kohle umladen. Das wird bestimmt nett." Fischwasser quetschte sich einen Gruß ab, sah aber an Walter vorbei. Damit hatte er nicht gerechnet. Fischwasser fühlte sich hier offenbar wie zu Hause. Die Art und Weise, wie er seine Sachen ablegte und den Stuhl zurechtrückte, zeugten davon, dass er das in diesem Hause bereits sehr oft getan hatte. Walter war er sofort unsympathisch. War diese halbe Portion etwa Gerds Geliebter?

Gerd versuchte, das Gespräch aufrechtzuerhalten, was jedoch nicht so leicht war. Sie hatten ja keinerlei gemeinsame Bekannte und gedient hatten sie auch an verschiedenen Orten. Wenn Fischwasser etwas erzählte, blieb Walter stumm, und Fischwasser gähnte, wenn Walter mal etwas mehr als „ja" oder „nein" sagte. Fischwasser hatte eine Flasche Schnaps mit, von der er Walter widerwillig etwas anbot. Dadurch kam das Gespräch etwas in Gang, die Stimmung jedoch blieb düster. Ja, sie verschlechterte sich zusehends. Fischwasser wurde nämlich etwas freimütiger und erzählte einfach so, wie gut es doch Gerd und ihm zusammen gegangen war, als Walter in Nordnorwegen war, fast jeden Sonntag seien sie in Trondheim gewesen. Um zu unterstreichen, wer hier das Sagen hatte, streckte er seine Arme nach Gerd aus. Sie wehrte ab und probierte, von etwas anderem zu reden. Walter spürte, wie die Wut in ihm hochkam, sagte aber nichts. Wenn dieser Grünschnabel zu weit ginge, sollte es ihm eine Freude sein, ihn die Treppe hinunterzubefördern. Das würde er so richtig genießen.

Das Gespräch brach eine Weile ab, bis Fischwasser plötzlich sagte: „Glaub ja nicht, dass Gerd dir gehört, nur weil du ihr dieses verdammte Kind gemacht hast." Diese Entgleisung hatte nicht das Geringste mit dem zu tun, worüber sie gesprochen hatten. Dadurch klang es besonders brutal. Walter donnerte das Glas auf den Küchentisch und stand auf. Gerd ging jedoch schnell dazwischen und sagte: „Er ist betrunken, Walter. Kümmere dich nicht um ihn. Komm her." Sie nahm seine Hand und führte ihn in die Kammer. Über die Schulter rief sie Fischwasser, der mit gesenktem Kopf dasaß, leise, aber bestimmt zu: „Es wäre am besten, wenn du jetzt verschwindest." Als sie am Bettchen in der Kammer standen, hörten sie schwere, unsichere Stiefelschritte, die sich entfernten.

„Guck mal, wie ähnlich er dir ist", sagte Gerd und drückte Walters Hand. „So leicht ist das nicht zu sehen", antwortete er. Walter bebte immer noch vor Zorn und dachte mehr an Fischwasser als an das Kind. Aus dem Naturkundeunterricht in Schwarzheide fiel ihm jedoch ein, dass einzig Greif- und Saugreflex angeboren waren. Alles andere erlernte man. Was konnte er seinem Sohn beibringen? Was muss man in diesem Leben unbedingt lernen? Walter wurde nachdenklich hier am Kinderbett. War er als Vater im Stande, seinem Sohn das Wichtigste im Leben beizubringen? Das Wichtigste in diesem Moment war, Gerds Liebe zu gewinnen, aber wie konnte man einem Sohn beibringen, Liebe zu erhalten und zu bewahren? Er konnte ihm beibringen, wie er Frauen kennenlernen konnte, aber die Bewahrung von Liebe, konnte man die erlernen? Das Kind schlief ein und hielt Walters Zeigerfinger fest umklammert. Ein flaumiger Griff, der zarte Beginn einer Blutsverwandtschaft, von der Walter fühlte, dass sie sich nie voll entfalten würde. Er nahm das jedoch mehr mit dem Kopf wahr, als dass er es fühlen konnte. Und das machte ihn traurig.

„Komm, wir setzen uns", sagte Gerd. „Wir müssen miteinander reden." Sie saßen sich am Küchentisch gegenüber. Gerd nahm Walters Hand und betrachtete sie. Sie sagte: „Du weißt genauso gut wie ich, Walter, dass es aussichtslos ist. Wenn dieser Krieg einmal vorbei ist, kannst weder du mit mir nach Moss kommen, noch kann ich dich nach Schwarzheide begleiten. Das geht einfach nicht, Walter." Sie machte eine Pause. Dann sagte sie zögernd: „Es gibt keine Hoffnung für uns beide. Ja, ich war mit anderen zusammen, aber mit dir war es anders. Das ist die Wahrheit. Du warst anders, und dich habe ich am meisten geliebt. Sei mir nicht böse, Walter. Wir wollen doch wenigstens als Freunde auseinandergehen." „Und mit Fischwasser, ist das nicht genauso hoffnungslos?" Walters Stimme hatte einen merkwürdigen, dünnen Klang. „Er ist nett, du weißt ja, wie das ist. Es ist nicht einfach, alleine zurechtzukommen. Hast du gesehen, wie spack er ist? Es ist nichts Ernsthaftes mit ihm. Mit dir hingegen war es immer ernsthaft. Du hast immer vom Heiraten gesprochen. Und ich war mir nie ganz sicher, ob ich das eigentlich wollte." Sie umfasste seine Hand fester und sah ihn an. „Walter, sei mir nicht böse."

Mit abwesendem Blick starrte sie auf die Tischplatte. Es war, als spräche sie zu sich selbst. „Ja, es war nicht lustig, die Tochter von Lorentz und Ågot zu sein. Vor dem Krieg wollte niemand mit mir zusammen sein. Freundinnen hatte ich auch nicht. Wenn mal eine mit zu mir nach Hause kam, wurde sie durch den Suff, die beengten Verhältnisse und den Lärm abgeschreckt. Als ihr dann kamt, wollten alle mit mir zusammen sein. Du. Karl. Fischwasser. Alle wollten mit mir zusammen sein. Ich tanzte vor Freude. Ausschließlich mit dir zusammen zu sein, hätte bedeutet, aus einer Wiese schönster Blumen nur eine einzige zu pflücken. Das schaffte ich nicht. Du warst die schönste Blume, aber ich musste mehr haben. Kannst du das verstehen?" Sie hob den Blick und sah Walter an. Ihre Augen glänzten. „Ich war froh, dass der Krieg kam. Ich war froh, dass ihr kamt. Plötzlich gab es da ganz viele, die sich um mich kümmerten. Aber jetzt? Vielleicht kommen die Russen oder die Engländer. Auf jeden Fall bin ich traurig, dass es vorbei ist. Ich werde euch vermissen. Findest du es komisch, dass ich euch mit Blumen vergleiche?" Ein zaghaftes Lächeln erschien auf ihrem

Gesicht. „Für mich wart ihr Blumen. Schöne Blumen." Sie hielt inne. Im Raum wurde es ganz still. Einzig das Ticken des Weckers auf dem Küchenschrank war zu hören. „Jetzt habe ich einen Sohn und weiß nicht, was ich davon halten soll. Ich habe viel zu tun, bin erschöpft und müde. Ich weiß nicht, was sie zu Hause sagen werden. Ja, Walter, ich hatte dich lieb und habe dich wohl immer noch lieb, jetzt aber ist alles so schwierig."

Walter spürte in sich nur noch Leere. Er sah an seiner Arbeitsuniform hinunter. Auf dem Knie war ein Fleck. Würde er es spüren, wenn er sich ins Bein kniff? Nun gut, das war die Wirklichkeit. Und nichts in der Welt konnte sie zurückdrängen. Keiner konnte das. Langsam stand er auf und zog Gerd vom Küchenstuhl zu sich. Sie klammerten sich aneinander. Walter dachte an Beerdigung. Er umklammerte sie, als wolle er sie daran hindern, zu entschwinden. Dann glitten ihre Hände über seine Schultern, und er ließ los.

Er fand keine Worte und fürchtete, seine Stimme könnte den Dienst versagen, wenn er versuchte, etwas zu formulieren. Gerd half ihm in den Mantel. Sein Blick war starr auf den Fußboden gerichtet, wie um ein letztes Bild zu vermeiden. Er ging langsam die Treppe hinunter und dann hinaus in die kalte Winternacht. Er griff nach seinem Kragen und spürte die schluchzenden Bewegungen in seinem Hals. Er beugte sich dem dunklen Straßenrand zu und bebte am ganzen Körper, während ihn das Weinen stoßweise zerriss. Seit vielen Jahren hatte er nicht mehr geweint. Er wusste kaum noch, wie es war. Immerhin hatte es eine, wenn auch kleine, befreiende Wirkung. Er schnaubte aus und wischte sich die Augen mit dem Handrücken ab. Walter schaute in den dunklen Himmel und dachte, dass Krieg und Liebe zwei verschiedenen Welten angehören. Welten, die nicht miteinander vereinbar sind. Der Krieg hatte zwar dazu geführt, dass er Gerd kennenlernte, aber war es nicht auch die Schuld des Krieges, dass er hier jetzt armseliger dastand als je zuvor? Die Trauer war dunkel und schwer. Walter verfluchte den Krieg. Alles, was gut war, alles, was dauerhaft Freude verhieß – das nahm einem der Krieg. Er begann zu gehen. Da erinnerte er sich an einen Namen aus dem Religionsunterricht in Senftenberg: Via Dolorosa. Das hörte sich an wie eine Blume. Der Name war so schön. Und Gerd hatte doch von Blumen geredet. Jetzt ging er die schweren Kilometer von Undlien nach Aunan durch die finstere Winternacht. Sein Leidensweg kam ihm ewig, schwarz und hoffnungslos vor. Und der Stahlhelm war seine Dornenkrone, die er unmöglich abwerfen konnte. Ohne den Helm bekäme er Gerd. Dessen war er sich fast sicher.

Kapitel 16

An einem Märztag des Jahres 1946 kam Hans freudig erregt von der Arbeit ins Quartier. Er pfiff und sang, und das kam nicht oft vor. Walter versuchte zu raten, was Hans wohl diesmal „organisiert" hatte. Oder stand ein weiterer Ausflug mit dem Sankra auf dem Programm? Der Fahrer des guten alten Granit-Krankenwagens hatte nämlich Hans und Walter oft heimlich in den Wald nach Ringve zu verbotenen Rendezvous mit Mädchen gebracht.

„Jetzt bin ich an der Reihe, Walter, jetzt fahre ich nach Hause!" Er schlug die Hände zusammen, zeigte ein breites Grinsen und trabte unentwegt im Kreis durch das Zimmer. „Endlich bin ich fertig mit dem Scheiß." Walter sagte nichts. Das kam etwas unerwartet. Wie sollte er denn nun ohne Hans nach Ringve kommen? Walter setzte sich, um seine Gedanken zu ordnen. Er freute sich natürlich für Hans, wurde aber zugleich ziemlich traurig. Mit Hans fühlte er sich gut und sicher. Sie waren ja schon seit der Rekrutenschule in Horten zusammen. Natürlich konnte auch Hans mal schlechte Laune haben und missmutig sein, aber beide wussten, dass sie sehr viel verband. Kleine Nuancen in Mimik, Gestik und im Tonfall zeigten, was der jeweils andere dachte und meinte. Nie hatte Walter ein Gespräch vergessen, dass sie an einem Sommerabend des Jahres 1943 in Pommern geführt hatten. Zum ersten Mal hatte Walter damals jemanden sagen hören, dass der Krieg verloren war. Das Vertrauen, das Hans ihm entgegenbrachte, rührte und ehrte ihn. Hans war stets eine Führungspersönlichkeit gewesen, stand immer im Mittelpunkt.

Was wurde aus ihm? Er hatte gehört, dass sich in Trøndelag noch etwa 30.000 Deutsche befanden, die allesamt in die sogenannte russische Zone gebracht werden sollten. Dort war jedoch beileibe nicht alles für ihre Ankunft vorbereitet, und nur der Herrgott allein wusste, wann die Reise losgehen sollte. „Wann fährst du?", fragte Walter. „Morgen früh! Morgen fahre ich nach Hause, nach Koblenz. Wie lange die Fahrt dauert, weiß ich auch nicht, aber zumindest bin ich auf dem Weg nach Hause. Einige sagen, wir sollen in Bremerhaven an Land. Andere sagen Kiel. Das ist mir ehrlich gesagt schnurzpiepe. Hauptsache, es geht nach Hause." Hans saß am Fenster und wurde nachdenklich. „Man sagt, viel sei von Deutschland nicht mehr übrig, aber sowohl Mutter als auch Vater sind am Leben. Es wird schön, nach Hause zu kommen, Walter. Meinst du nicht auch?" „Ja, na klar." Die Nachricht verstärkte noch sein Heimweh. Nun würde er noch einsamer sein. Würde er als Letzter von allen fahren?

„Hör mal, Walter. In einigen Tagen bekommst du doch auch den Bescheid, dass es nach Hause geht." Jetzt wurde Hans ganz ernst zu Mute. Hatten sie doch viel miteinander geteilt, aber die Freude der Heimreise, die größte aller Freuden, durften sie nicht miteinander teilen. Nun hatte Hans genug Kreuzchen über seinem Bett gemacht. Der Tag war gekommen, an dem er sie betrachten und sagen konnte: „Nun habe ich genug davon!" Bei Walter hingegen fehlte immer noch eine unbekannte Anzahl an Kreuzchen.

Walter wusste nicht, was er sagen sollte. Er wünschte sich, er könnte auch den Schiffssack packen und losfahren. Obwohl er es vermied, an Gerd zu denken, begegnete ihm fast jeden Tag etwas, das ihn an sie erinnerte. Eine Straße, die sie gemeinsam entlangspaziert waren, oder der Anblick der Fähre nach Åsenfjorden. Sicher würde es helfen, hier wegzukommen. Denn der Alltag hier war wie ein schwerer Umhang, eine Last von Gedanken, die auf das Gemüt drückten. Und wenn Hans jetzt reiste, würde es noch schlimmer, denn mit wem sollte er seine Gedanken teilen? Hans wusste ja alles. Geduldig hatte er sich alles über Gerd, Fischwasser und den kleinen Jungen angehört. Viele Abende hatten sie im Halbdunkeln gesessen, während Walter versuchte, seine komplizierten Gefühle in Worte zu fassen. Mit wem sollte er denn jetzt über wichtige Dinge sprechen? Nie war der Wunsch so stark gewesen, doch endlich wieder zu Hause in der Rosenstraße zu sein, mit den Kaninchenkäfigen im Garten.

„Ja sicher, ich bekomme wohl auch die nächsten Tage Bescheid." Walter versuchte sich selbst zu trösten. „Trotzdem habe ich auch etwas Angst, nach Hause zu kommen. Nicht vor dem, was mich dort erwartet, sondern vor dem, was ich mit mir dorthin schleppe. Es ist nicht so leicht, seine Gedanken zu kontrollieren. Die Dinge setzen sich einfach fest, Hans. Einfach aufhören zu denken, das ist nicht so leicht." „Das musst du aber, verdammt noch mal! Was nützt es dir denn, in Schwarzheide zu hocken und dich nach etwas zu sehnen, das unmöglich ist? Kannst du mir das beantworten? Nimm einen großen, breiten Pinsel und male damit einen riesigen schwarzen Strich unter die Zeit in Norwegen. Und denk daran, Walter, wie viel Leid und Unheil dieser Krieg gebracht hat. Sieh dir Erik an – nie mehr eine Frau! Denk an deinen Bruder, der nie nach Hause zurückgekehrt ist. Denk an den ganzen Dreck! Verglichen damit nimmt sich dein Liebeskummer recht bescheiden aus." Walter saß am Tisch und trommelte gedankenverloren mit den Fingern auf die Tischkante. Das, was Hans zuletzt gesagt hatte, schmerzte. „Aber es ist mehr als das, Hans." „Ich weiß." Hans bereute wohl seine Worte ein wenig. „Mir fällt es wohl auch leicht, über Dinge zu sprechen, mit denen ich keine Erfahrung habe. Falls ich nicht zufällig der Vater des Kindes von Schnaps-Haldis bin." Er versuchte ein Lächeln, aber Walter war immer noch mürrisch.

„Hör mir zu, Walter Richter", er erhob sich und stellte sich vor Walter hin, „zu Hause in Schwarzheide wirst du zehn Frauen im Laufe eines Jahres haben. Glaub mir."

Es dauerte nicht lange, die Sachen von Hans zusammenzusammeln. Und es gab im Grunde auch nicht viel mehr zu sagen. Denn keine Worte konnten es ändern, dass einer zurückblieb und einer fuhr. Walter lag lange wach, ehe er einschlief. Am nächsten Morgen stand er auf und wartete auf Hans, der im Waschraum war. Er saß auf dem Bettrand, die Hände auf dem Schoß, und betrachtete die Socken, die er zum Trocknen über den Heizkörper gehängt hatte. Jeden Freitagnachmittag hatten sie in den blaugrauen Steinbecken ihre Sachen gewaschen. Zuweilen half ihnen ein kleiner Schnaps, die Erwartungen an den nächsten Tag noch anzuheizen. Ihre Kleidung war zwar zerschlissen, aber sauber sollte sie doch sein. Beide waren genauso eitel gewesen, wenn es um Rendezvous mit Mädchen ging.

Hans strich sich über die frisch rasierten Wangen und warf das Handtuch auf das Bett. Er hatte etwas auf dem Herzen. „Schau mal", sagte er und zog die U-Boot-Jacke aus dem Kleiderschrank. „Die wolltest du doch immer schon gern haben. Jetzt bekommst du sie. Aber sieh dich vor, wenn du damit in die Stadt gehst. Es reicht, wenn ich sie zu Weihnachten wiederhabe." Walter lächelte und legte die Jacke auf den Schoß. Er befühlte den Kragen und zog vorsichtig an den Knöpfen, als hätte er die Jacke nie gesehen. Hans stand mit schräg geneigtem Kopf vor dem Spiegel und versuchte, einen kleinen Pickel auszuquetschen. „Wir müssen in Kontakt bleiben, Hans. Schreib mir, wenn du zu Hause angekommen bist und berichte, wie es geht." Es folgte eine Pause, in der keiner so richtig wusste, was er sagen sollte. Hans wischte mit dem Taschentuch einen kleinen Blutfleck vom Gesicht und wandte die andere Wange dem Spiegel zu. Jetzt war offensichtlich alles in Ordnung.

Er nahm seine Jacke vom Stuhl und zog sie mit raschen Bewegungen über. Der Schiffssack war geschnürt, alles war fertig. Sie standen sich gegenüber und suchten nach Worten. „Zumindest einen Vorteil hat meine Heimfahrt. Ich brauche dein Gefurze in der Nacht nicht mehr zu ertragen." Hans lächelte. Dann umarmte er Walter, drückte ihn kurz und ungelenk und ließ ihn genauso rasch wieder los. „Bis dann, Walter, auf Wiedersehen!" Dann nahm er seinen Schiffssack und rannte fast zur Tür hinaus. Walter setzte sich auf den Stuhl und wartete auf das Tageslicht. Es hatte ja keinen Sinn, sich jetzt wieder schlafen zu legen.

Kapitel 17

14 Monate nach Kriegsende kam endlich auch für Walter der Tag, an dem er seinen Schiffssack packen konnte. Am 6. Juli 1946 gingen die übrigen Soldaten der „Seetra", insgesamt 23 Mann, an Bord eines eigentümlichen Wasserfahrzeugs. Das Schiff, das Walter und seine Kameraden in die Heimat bringen sollte, war ein umgebauter, flacher Lastkahn mit einem Torpedorohr auf jeder Seite. Walter kam das Schiff merkwürdig vor, und er hoffte, sie würden während der Fahrt gutes Wetter haben.

Zum letzten Mal verließ Walter das Quartier im Stiklestadveien. Einen Moment verharrte er vor all den Kreuzchen an der Wand und gedachte kurz der Ereignisse, die sich hinter den Kreuzchen verbargen. „Male einen dicken Strich unter die Zeit hier", hatte Hans gesagt und er hatte recht. Jetzt war Walter schon fast ein freier Mann. Vor ihm lag ein besseres Leben, ohne dass er genau wusste, was es bringen würde.

Während Walter seine Sachen zusammensuchte, tauchte ein Bild in seiner Erinnerung auf. Von nebenan tönte lustiges Johlen zu ihm herüber. Die Stimmung war prächtig. Das Wetter ebenso und Walter fand, die Sonnenstrahlen schienen heute auf eine ganz eigene Weise durch die Fensterscheiben der Baracke. Es war, als ob die Freude die tote Baracke zum Leben erweckte. Es wurde gescherzt und gelacht, alle wollten so schnell wie möglich von hier weg. Da musste Walter an den jährlichen Ausflug der „Weltlichen Schule" in Senftenberg denken. Damals waren sie sehr früh aufgewacht und konnten es kaum erwarten, endlich zu Lehrer Selig in die Schule hinüberlaufen zu können. Und von Rudi hatte Walter sich die Brotbüchse geliehen. Mutter hatte ihm zwei Stullen mit Salami belegt. Die „Teeflasche" enthielt eine äußerst dünne Mischung aus Kaffee und Wasser mit etwas Zucker. Herbert, der krampfhaft seinen Gummiball umklammerte, mit dem sie spielen wollten. Alles erschien Walter nun wie auf einem scharfen Farbbild. Bis zum Ende des Niemtscher Wegs waren sie zu zweit halbwegs in einer Reihe spaziert, als jedoch der See näher kam, durften sie laufen, und es hielt sie nichts mehr auf den letzten Metern zum See. Genau dieses Gefühl der seligen Erwartung spürte Walter jetzt. Nun ging es endlich los.

Ihr Kahn lag eingekeilt zwischen einigen größeren Schiffen, und in der Nacht vom 6. auf den 7. Juli schliefen die 23 „Seetra"-Leute an Bord. Es gab nicht genug Kojen auf dem kleinen Schiff, so dass Walter und sieben andere mit Ersatzkojen in der Piek vorliebnehmen mussten. Die Sonne stand hoch am Himmel, und endlich sollte der Marsch in die Heimat beginnen. Für Walter war das ein Triumphmarsch. Für keinen der Soldaten, die Walter in der Wochenschau unter den Linden hatte entlang marschieren sehen, hätte der Triumph größer sein können. Er triumphierte über die Langeweile und den Überdruss. Er hatte über die Vereinsamung gesiegt, über eine nicht enden wollende Reihe inhaltsloser Tage und mürrischer Vorgesetzter. Nun stand er hier in der Sonne und hatte Lust, die Arme in die Luft zu reißen. Hier konnte er gut und gerne viele Stunden stehen bleiben. Es brodelte in ihm, und er musste an seine Großmutter denken, die ihm etwas vom Zungenreden erzählt hatte. „Wenn der Heilige Geist einen erfüllt, läuft man vor Freude über", hatte sie einmal gesagt. Damals hatte Walter davon nicht so viel verstanden, aber jetzt beschäftigte ihn dieser Gedanke. In ihm war ein Jubel, den er gern zum Ausdruck bringen wollte, ein Jubel, der die Mollstimmung in den Tiefen seiner Seele übertönte, und wenn auch nur für eine kurze Weile.

Am Nachmittag des 7. Juli legte der namenlose Kahn ab. Walter stand vorne am Bug und ließ seinen Blick hinüber zum Strandvei-Kai und dem dortigen Speicher gleiten, wo Hans und er diverse Dinge „organisiert" hatten. Plötzlich erblickte er Sigrid. Sie stand mit ihrem Fahrrad gute hundert Meter entfernt am Kai. Der Posten hatte sie nur bis zu einer bestimmten Stelle vorgelassen. Walter hatte sie an den Haaren und ihrem braunen Mantel wiedererkannt. Es war das erste Mal seit langer Zeit, dass er sie sah. Und sie hatte auch ihn erkannt. Langsam hob sie die Hand und winkte Walter über den Fahrradlenker zu. Auch Walter hob den Arm und winkte. „Nun bist du also gekommen, um Abschied zu nehmen", murmelte Walter vor sich hin. Er fühlte einen inneren Schmerz. Woher hatte sie bloß erfahren, dass sie heute abreisen würden? Sigrid förderte Erinnerungen zu Tage, die Walters gute Gefühle beeinträchtigten. Und doch war es gut, dass nicht Gerd dort stand. Wie wäre dieser Abschied gewesen, wenn sie immer noch zusammen gewesen wären? Walter verdrängte den Gedanken daran. Ja, sie hätte ihn ja dann irgendwie zum Hafen begleiten müssen. Nein, es war nicht Gerd, die dort stand. Er würde sie nie wiedersehen, und das war wohl gut so. „Mit einem schwarzen Pinsel einen Strich drunter machen", hatte Hans gesagt.

Einige Leute hatten sich offenbar gut auf die Abreise vorbereitet. Als das Schiff einige Meter vom Kai abgelegt hatte, entrollten sie ein riesiges Transparent, das fast so lang wie das gesamte Schiff war. Sie ließen es im Wind wehen. In großen roten Buchstaben auf weißem Grund konnte nun alle das Wort „Heimat" lesen. Etliche Schiffe am Kai ließen daraufhin ihre Schiffshupen ertönen, sozusagen als letzten Abschiedsgruß. War das die Freude darüber, das Deutschenpack nun endlich los zu sein? Oder war es eine etwas scherzhafte Entgegnung auf das Transparent?

Walter stand immer noch am Bug und genoss jede Sekunde. Zum ersten Mal befand er sich an Bord eines Schiffes, ohne Angst vor englischen Bombern haben zu müssen. Außerdem fuhr er in Richtung Süden, dem Guten entgegen. „Bleib in Norwegen, so lange du kannst." Wieder musste er an Mutters Worte denken. 14 Monate hatten er ausharren müssen, ehe er hier an Bord stehen konnte. Vielleicht gab es mittlerweile wieder mehr zu essen in Schwarzheide. Seit Mutters Brief hatte er kein Lebenszeichen mehr aus der Heimat empfangen. Schwarzheide lag in der russischen Zone. Das war auch der Grund dafür, dass es mit seiner Abreise so lange gedauert hatte. Hieß das vielleicht, dass es dort wesentlich schlimmer war als andernorts? Weniger zu essen? In Trondheim selbst hatte er bei den wenigen Norwegern, mit denen er Kontakt hatte, eine wachsende feindselige Haltung beobachten können. Denn es waren sicherlich keine Kleinigkeiten, die jetzt nach Kriegsende ans Tageslicht kamen. Im Quartier hatten sie viel über die Situation in der Heimat gesprochen, aber es war kompliziert, Realität und Gerüchte auseinanderzuhalten. Bald würde Walter Antwort auf all seine Fragen bekommen.

Kapitel 18

Die Fahrt nach Kristiansand dauerte zwei Tage, denn die restlichen Mitglieder der „Seetra" waren ja nun nicht gerade mit einem Schnellboot unterwegs. In Kristiansand nahmen sie etwas Proviant an Bord und warteten auf ein Begleitschiff, denn es war zu gefährlich, ihren Kahn alleine über das Skagerrak fahren zu lassen. Die Besatzung des Begleitschiffes war ungeduldig und forderte den Kahn mehrmals auf, doch die Fahrt zu erhöhen. „Wir haben bereits volle Fahrt", kam die Antwort, „neun Knoten." Walter hatte es sich mit einer Büchse Schweinefleisch auf der Leeseite des Decks bequem gemacht. Er schüttete das Fleisch zusammen mit einer heißen Nudelsuppe in einen Kochtopf, rührte mit dem Löffel um und bröckelte noch etwas Mischbrot hinein. Etwas Salz wäre nicht schlecht gewesen, aber das waren schon Feinheiten, mit denen er sich nicht abgab. Die Hauptsache war, dass er auf dem Weg in die Heimat war. Der Wind hatte ein wenig aufgefrischt, aber das machte ihm keine Sorgen, denn seekrank war er nie geworden.

Mitten in der Nacht kam dann der von vielen befürchtete Wetterumschlag. Ihr Kahn tanzte im Sturm wie ein Korken auf den Wellen. In unbeladenem Zustand lag er ziemlich hoch in der See, so dass der Sturm an der Seite eine gute Angriffsfläche hatte. Das Begleitschiff befand sich nun ganz in der Nähe und hatte aufgehört, eine höhere Geschwindigkeit zu fordern. Walter war mit seinen sieben Kameraden isoliert, denn es war unmöglich, vom Mittelschiff aus in die Piek zu gelangen. Die Wellen stürmten gegen den Kahn, als sei es ein Kampf auf Leben und Tod. Ihr Kahn kämpfte sich einen Wellenberg hoch, um gleich darauf wieder seitlich in die Tiefe zu gleiten. Für einen Augenblick sah es aus, als ob die Wassermassen still stünden, ehe sie wieder mit voller Wucht über den Kahn hereinbrachen. Stunde um Stunde stampfte sich der Kahn gegen die schweren Brecher vorwärts. Sie konnten gerade so die Gewalt über das Schiff behalten, und der Kapitän drehte etwas bei, um die schlimmsten Brecher zu vermeiden.

Unter Deck baumelten die unbefestigten Kojen hin und her. Wenn das Krängen des Schiffes besonders stark war, musste Walter in der unteren Koje mit den Beinen gegensteuern. Er bekam allmählich Angst, dass das Schiff jeden Augenblick umkippen könnte. Von draußen drang schon Wasser durch die Luke. War das gefährlich? Die anderen blieben stumm. Es war auch nicht so leicht, irgendetwas zu hören. Von allen Seiten donnerte und knallte es. Als der gesamte Schiffsrumpf nach einem besonders schweren Brecher erzitterte, musste Walter an den Todeskrampf von Kaninchen denken, wenn sie geschlachtet wurden. Sollte er jetzt auf dem Weg nach Hause Opfer des Meeres werden? „Wenn du mich errettest, Gott, werde ich nie wieder an dir zweifeln." Walter schloss die Augen und überlegte, ob es ausreichte, ein Gebet zu denken oder ob man es lieber laut aufsagen sollte. Dass er auch nie Religionsunterricht in der Schule gehabt hatte! Dann wäre ihm vielleicht jetzt das Vaterunser eingefallen, das seine Großmutter ihm heimlich hatte beibringen wollen. „Hör dir doch nicht diesen Quatsch an!", hatte Vater gesagt. Aber wer, wenn nicht Gott, konnte jetzt helfen? Er durfte nicht fluchen. Nie mehr würde er fluchen. Er war zu allem bereit. Wo waren die Schwimmwesten? Walter stemmte die Beine gegen den Fußboden und klammerte sich mit beiden Händen an seiner Koje fest. Und wieder versuchte er herauszufinden, wo die Schwimmwesten waren. Zum Glück war ja Sommer. Vielleicht konnte man bis zum Ufer schwimmen? „Ich kann doch gut schwimmen. Und kräftig bin ich auch." Aber das war ein schwacher Trost. Der Schreck saß ihm wie eine geballte Faust im Zwerchfell. Wie lange konnte man sich im Wasser aufhalten?

„Weißt du, wo die Schwimmwesten sind?" Walter musste sehr verzweifelt ausgesehen haben, denn der Mann in der oberen Koje schaute ihn mit einem leichten Lächeln an. „Immer mit der Ruhe, Walter. Wenn wir bis jetzt noch nicht gekentert sind, dann wird es schon gut gehen." Gegen Morgen flaute der Wind ab, und Walter konnte seine Beine wieder in die Koje hochziehen. Früh am Morgen kam dann einer der Soldaten vom Achterschiff zu ihnen in die Piek. „Der Kapitän hat sich wirklich Sorgen um euch gemacht", sagte er ernst. „Er wollte euch zu uns rüberholen, aber es war unmöglich, über das Deck zu kommen." „Was du nicht sagst", antwortete Walter, der jetzt wieder in Form war, „hier haben wir alle geschlafen wie ein Stein."

Als sie am späten Abend den Nord-Ostsee-Kanal erreichten, stand Walter an Deck. Schon auf dem Weg nach Kristiansand hatte er entlang der norwegischen Küste etliche Schiffswracks gesehen, aber das, was er hier sah, ließ ihn erschaudern. Wie sollte man all dies wieder in Ordnung bringen? Der ganze Kanal war voller Schiffswracks. Die Achtersteven ragten aus dem Wasser als stumme, verrostete Zeugen eines Wahnsinns, der über Land und See gefegt war. Ihr Kahn tastete sich langsam und behutsam voran. Die Wasseroberfläche des Nord-Ostsee-Kanals war übersät mit herausragenden Mastspitzen und teilweise versunkenen Schiffsaufbauten. Hier hatte es für Walter vor vier Jahren begonnen. Auf einer Mauer war immer noch zu lesen: „Für uns nichts – für Deutschland alles!" Nun war für niemanden etwas übrig. An einer Wasserstation standen die Menschen mit Eimern Schlange. Walter fiel ein alter, eleganter Mann mit Schlips und Hut auf. Er war sicher an anderes gewöhnt, als einen alten Emailleeimer durch die Gegend zu tragen.

Was dachten wohl Leute wie er jetzt? Vor einem zerbombten Wohnhaus stand ein kleiner grüner Baum – wie zum Trotz inmitten der Trümmer. Walter entdeckte die Aufschrift „Atelier" genau über der Stelle, an der einmal die Tür gewesen war. Hinter einem der Fenster hatten die Leute sich einst fotografieren lassen. Nun war die Mauer zur Hälfte weg, und da, wo die Fenster einmal waren, gähnten offene Löcher. Innenwände und Dach waren ganz weg. Ein einziges Mal war Walter im Kindertheater in Schwarzheide gewesen. Auch dort hatte er nur Teile von Wänden und Dächern gesehen. Dies hier war jedoch Wirklichkeit. Er brauchte etwas Zeit, um das zu begreifen.

Was würde wohl sein Bruder Hans sagen, könnte er dies sehen? Oder Vater? Was sagte sein Vater jetzt? Er hatte recht behalten, aber was nützte das, wenn das ganze Land in Schutt und Asche lag? Plötzlich sah Walter den jährlichen Betriebsausflug vor sich, den die BRAG AG immer im Frühjahr für ihre Angestellten organisierte. Walter war 1939 dabei gewesen, eine Zugreise hinein in eine neue Zeit. Die Lokomotive war mit Girlanden und Spruchbändern geschmückt. „Kraft durch Freude" stand dort in großen, schwarzen Lettern. Essen, Bier, Gesang – alles gab es im Überfluss. Für gute Stimmung und Optimismus sorgten auch Musiker in Lederhosen. Sie befanden sich auf dem Weg ins Gelobte Land. Sogar der alte Schulz aus dem Labor hatte gute Laune und unterhielt sich mit dem jungen Walter. In Dresden war Walter im Vergnügungspark gewesen, hatte in Straßencafés gesessen und gefühlt, dass die ganze Welt vor ihm lag.

Jetzt stand Walter am Bug und sah Frauen mit wenig kleidsamen Kopftüchern, wie sie sich abmühten, ihren Karren zu ziehen. Sie irrten eine schmale Straße entlang – zwischen Trümmerhaufen, aus denen verbogene Stahlreste ragten. Die Fensterhöhlen in den zerbombten Frontmauern der Häuser starrten ihn an wie blinde

Augen. Da konnte man noch so viel arbeiten, dies würde man nie schaffen aufzuräumen. Mindestens tausend Jahre würde das dauern.

Das also sollte das Ziel seiner Rückkehr in die Heimat sein? Eine Steinwüste, in der alte Menschen wie Ratten durch die Trümmerhaufen huschten? In Schwarzheide musste es doch wohl besser aussehen? Er wusste nicht, wie lange er hier bleiben sollte. Nie hatte er sich so ohnmächtig gefühlt, nie hatte er solch einen Widerwillen gespürt, an einem Ort wie diesem zu bleiben. Denn egal, wohin er sich wandte, er blickte der Katastrophe geradewegs ins Gesicht. Er wollte diesem Wahnsinn entfliehen. Das Kino und das Tanzlokal in Schwarzheide waren sicher nicht zerbombt. Dort wollte er so schnell wie möglich hin.

Ihr Kahn lag drei Tage lang vor Anker auf Reede im Nord-Ostsee-Kanal, am Hindenburgufer. An ihrem ersten Tag in Deutschland wollten Walter und einige seiner Kameraden an Land gehen. An Bord gab es keine Beschäftigung für sie, aber an Land schienen doch recht viele Menschen zu sein. Vielleicht waren dort auch ein paar Frauen, die einen auf andere Gedanken bringen konnten. Die Sonne schien und Walter sprang ins Wasser. Er schwamm mit festen Schwimmzügen an Land, kaum am Ufer angelangt, ereilte ihn jedoch der nächste Schock. Um ihn herum waren plötzlich 15 oder 20 Jungen. Sie gingen größtenteils barfuß und hatten kurze, verschlissene Hosen an. Ihre Gesichter waren eingefallen, die Augen blickten ernst, aber am meisten schockierten Walter die aufgedunsenen Bäuche der Jungen. So etwas hatte er noch nie gesehen. Der Kontrast zwischen den riesigen Bäuchen und den abgemagerten Schultern und Beinen machte einen großen Eindruck auf Walter. Inzwischen waren auch einige von den anderen Soldaten an Land gekommen. Niemand wusste, was er sagen sollte. Und es war plötzlich so sinnlos, nach Mädchen Ausschau zu halten. Da durchbrach einer der älteren Jungen die Stille. Er fragte Walter etwas unsicher, mit leiser, monotoner Stimme: „Haben Sie etwas zu essen, mein Herr?" Das traf Walter in seinem Innersten. Nie hatte eine solche Frage ihn so schmerzhaft getroffen. Am liebsten hätte er diesen schmächtigen Jüngling umarmt und gemeinsam mit ihm geweint. Seine großen und verschreckten Augen erinnerten ihn an ein wildes Tier, das – von Hunger geplagt – die Nähe von Menschen suchte.

Die Soldaten schwammen zurück zum Kahn, um etwas Proviant zu holen, von dem noch reichlich an Bord war. Die Norweger hatten das Schiff bereits verlassen, und die Engländer, die das Kommando übernehmen sollten, waren noch nicht eingetroffen. Und da der deutsche Vorgesetzte nichts dagegen hatte, nahmen sie reichlich Brot, Fleisch und einige Würste mit. Sodann paddelten Walter und seine Kameraden zurück zum Ufer, wo die Jungen saßen und geduldig warteten. Es war niemand mehr dazugekommen, und alle standen auf, als Walter kam. Er teilte die Würste, das Brot und das Fleisch in gleich große Portionen und verteilte sie an die Jungen. Die Jungen hielten beide Hände auf, verbeugten sich höflich und dankten mit leiser Stimme. Walter fühlte, dass er nie etwas Sinnvolleres als dies getan hatte. Mit diesen Kindern aus seinem eigenen Land musste er doch einfach teilen. Aber wo war die Grenze? Es gab sicher Hunderttausende andere Kinder, die ebenfalls hungerten. Mit den paar Würsten, die sich jetzt noch an Bord befanden, konnten sie da gar nichts ausrichten. Wo sollte denn bloß ausreichend Essen für all diese Kinder herkommen? Walter ließ die Trauer und die Hoffnungslosigkeit eine Weile auf sich wirken. Auf alle Fälle war es gut, hier jetzt zu stehen und hungernde deutsche Kinder mit Brot zu versorgen. Als Walter so alt gewesen war wie der älteste von den Jungen, wollte er sich freiwillig zum Krieg melden. Und plötzlich fühlte sich Walter um so viel älter als dieser Junge mit dem aufgedunsenen Bauch. Wo sollte dieser Junge seine nächste Mahlzeit herbekommen? Wo sollte er überhaupt hin? Walter schnitt noch ein Stück Wurst ab und steckte es dem Jungen zu, so als könnte es ihm weiterhelfen auf dem Weg zu irgendeiner Form der Rettung. Doch wer sollte diese Jungen retten? Gab es denn niemanden mehr, der Verantwortung übernahm? Nein. Es waren nicht nur die Trümmer und Ruinen, die das Gefühl der Hoffnungslosigkeit verbreiteten. Walter wollte zurück zum Kahn.

Kapitel 19

Am nächsten Tag kam ein englischer Kapitänleutnant in Begleitung eines deutschen Dolmetschers an Bord. Alle 23 Mann mussten auf Deck antreten. Sie sollten an Land gebracht werden und sich dann in eine einige Kilometer entfernte Kaserne begeben. Bereits am nächsten Tag sollten sie Teil eines Arbeitskommandos werden, das unter der Aufsicht deutscher Vorarbeiter stehen sollte. Seine Rede war kurz und schroff. Streng verboten sei es, irgendetwas von Bord mitzunehmen, wenn sie an Land gingen. Walter hatte noch fünf Dosen Schweinefett und fünf Dosen Schweinefleisch in seinem Schiffssack. Nie im Leben würde er sie an Bord zurücklassen.

Sie sollten von zwei kleineren Motorbooten an Land gebracht werden. Alle standen schon bereit, als Walter einfiel, dass er das Brot vergessen hatte. In der Kombüse befand sich doch noch etwas Kommissbrot, aber das hatte er vergessen. Er ging noch einmal zurück, fand auch ein Brot in der Kombüse und kam mit dem Brot unter dem Arm zurück auf Deck. Das bemerkte der englische Kapitänleutnant und schrie irgendetwas Unverständliches. Der Kapitänleutnant kam mit schnellen Schritten auf Walter zu, den Dolmetscher an seiner Seite. Er schlug Walter das Brot aus der Hand, so dass es über das Deck sprang und brüllte weiter in einer unverständlichen Sprache. In dem roten, wutentbrannten Gesicht sah Walter eine Ader bedrohlich anschwellen. Einen Augenblick lang überlegte Walter, ob sie wohl platzen könne. Schließlich wandte sich der Kapitänleutnant dem Dolmetscher zu, sagte irgendetwas und verschwand. Der Dolmetscher notierte Walters Namen und sagte, mit etwas Glück käme er mit 21 Tagen Arrest davon. „Die Engländer mögen keine Deutschen, die nicht machen, was sie sagen." Walter bekam einen Schreck. Ihm gefiel die Visage des Dolmetschers nicht, aber er war eindeutig in der Defensive. „Könnten Sie nicht ein gutes Wort für mich einlegen?" Etwas anderes fiel Walter nicht ein. Jemandem seine Ehrerbietung zu demonstrieren hatte sich schon immer gelohnt, das Ganze hatte natürlich einen Beigeschmack von Prostitution. Der Dolmetscher steckte sein Notizbuch in die Brusttasche und schaute Walter ernst an: „Ich will sehen, was ich machen kann."

Die verbliebenen Soldaten der „Seetra"-Abteilung marschierten zu einer teilweise unversehrten Marinekaserne in der Nähe von Tirpitzhafen. Es war nicht sehr weit, und Walter philosophierte darüber, dass sie hier wohl das letzte Mal als eigene Abteilung zusammen marschierten. Allzu viel erinnerte nicht an den Parademarsch runter nach Nørreport vor vier Jahren. Keine blank geputzten Stiefel, die im Takt auf das Pflaster schlugen, nein, jetzt schlenderten sie in einer langen, ungeordneten Reihe daher. Die meisten hatten den Schiffssack über die Schulter geworfen, andere hatten all ihre Habe in einem Rucksack verstaut. Es war Hochsommer und heiß. Walter fühlte den Schweiß unter den Achseln und überlegte, ob die Duschen wohl funktionieren würden. „Nun aber mal ein bisschen flotter!", schrie auf einmal ein deutscher Leutnant. Walter zuckte zusammen. Er war ein bisschen hinter der Gruppe zurückgeblieben, in Gedanken versunken. Er erwachte jäh. „Eure eigenen Vorgesetzten werden eure Vorarbeiter", hatte der Engländer beim Antreten gesagt. Und der Leutnant verwirklichte das nun offenbar. Würde er denn nie diese verdammten Vorgesetzten loswerden? Jetzt waren sie schon wieder da. „Jawohl!", sagte Walter und beschleunigte seinen Schritt. Zu sagen „Jawohl, Herr Leutnant", das war ihm nun wirklich zu blöd.

Walter betrachtete die zerbombten Gebäude im Hafenviertel. Der Staub, den dann und wann ein amerikanischer Jeep aufwirbelte, stieg langsam hoch und legte sich dann wie ein hauchdünner Flor über die Steinwüste. Wo waren die Menschen, die hier gewohnt hatten? „Und ob ich schon wanderte im finsteren Tal ..." Walter dachte an diesen von der Großmutter oft zitierten Bibelvers. Denn näher als hier konnte man dem finsteren Tal kaum kommen. Es stellte sich eher die Frage, ob man diesem finsteren Tal irgendwann wieder entrinnen können würde.

Als Walter und seine Kameraden in der Kaserne ankamen, mussten sie als Erstes im Turnsaal antreten. Sie bildeten einen großen Kreis, worauf einige wenig zimperliche englische Soldaten eine Leibesvisitation durchführten. Kleine Taschenmesser und Nagelfeilen kamen auf einen Haufen in der Mitte. Man wollte kein Risiko eingehen. Anschließend bekamen alle eine neue Arbeitsuniform. Laut Vorschrift mussten alle eine Armbinde mit der Aufschrift „MDG" tragen, als Zeichen, dass sie der Marinedienstgruppe angehörten. Die Mädchen in der Stadt übersetzten es jedoch schnell als „mit Dummheit geschlagen". Wenn Walter also abends in die Stadt ging, nahm er die Binde stets ab.

Es war ein neues und wunderbares Gefühl, sich nach getaner Arbeit frei bewegen zu können. An den Abenden schlenderten Walter und seine Kameraden den Düsternbrooker Weg am Hafen entlang und landeten schließlich in einer kleinen Kneipe, nicht weit von den Eisenbahngleisen entfernt. Walter kam es vor, als könne er von dem dünnen Perlon-Bier eimerweise trinken, ohne auch nur die geringste Wirkung zu spüren. Trotzdem war es gut, in dieser Kneipe zu sitzen. Hierher kamen offenbar anständige Frauen, so manch älteres Ehepaar und natürlich viele Kameraden aus der Kaserne. Die Soldatenunterkünfte und -cafés in Trondheim, Narvik und Alta – das war im Krieg gewesen, mit allem was dazugehörte:

die Rivalität um die paar Frauen, Uniformen, die Sehnsucht nach etwas, das schwer in Worte zu fassen war. Jetzt war es anders, obwohl auch nicht ganz so, wie Walter es sich vorgestellt hatte. Es war gut, in der Nähe der Eisenbahn zu sitzen. Denn die Eisenbahn stand für den weiteren Weg und Walter wollte unbedingt weiter.

Der Umstellung von der Arbeit in Trondheim auf die in Kiel war nicht allzu schwer. Die Arbeit begann früh um sieben und Walter war jetzt eine Art Hafenarbeiter. Jeden Tag kamen drei bis vier LKW mit Munitionskisten. Walter und seine Kameraden luden sie auf drei kleinere Motorboote um. Die Kisten wurden dann hinaus zur Mündung der Förde in die Kieler Bucht in der Nähe des Marine-Ehrenmals gebracht und dort über Bord geworfen. Manche Jahreszahlen auf den Kisten machten Walter nachdenklich. Da dachte er an die Person, die irgendwo in Deutschland im Jahre 1939 die ganzen Patronen in die Kisten gepackt hatte. Vielleicht hatte der- oder diejenige viel Freude an der Arbeit gehabt. Auch in der Brikettfabrik in Schwarzheide waren viele begeistert, in neue Wohnungen einziehen zu können, in denen es sogar eine Dusche gab. All dies war nun Geschichte und würde nie mehr wiederkommen. Denn wie sollte auch nur irgendetwas aus diesem Trümmerfeld erstehen?

Drei Wochen hielt es Walter im „Einsatzkommando für Munitionsvernichtung" aus, dann begann er ernsthaft daran zu denken, wie er von dort weg- und weiterkommen könnte. Mit dem Gedanken hatte er schon eine Weile gespielt, aber nun wurde sein Beschluss durch ein Erlebnis geradezu herausgefordert. An einem sonnigen Vormittag waren Walter und einige andere Soldaten damit beschäftigt, Munitionskisten über Bord zu werfen. Dem deutschen Oberfeldwebel ging die Arbeit jedoch nicht schnell genug, und er begann sich aufzuregen. Offenbar genoss er es, sein altes Vokabular wieder anwenden zu können. Seine Wut wurde stärker, als er merkte, dass seine Worte praktisch das Gegenteil bewirkten. Die Arbeit ging noch langsamer voran. Der englische Kapitänleutnant, der die Arbeit überwachte, merkte, was vor sich ging. Plötzlich erschien er auf dem Vorderdeck, lud seine Pistole durch und zielte auf die Gruppe der Arbeiter. Walter wurde eher wütend als ängstlich. Sie konnten doch eineinhalb Jahre nach Kriegsende niemanden erschießen, nur weil das Über-Bord-Hieven der Munitionskisten zu langsam ging ...? Er hatte verdammt noch mal die Schnauze voll von idiotischen Vorgesetzten. Heute Abend würde er Fritz vorschlagen, von hier wegzugehen. Zu zweit war es sicherer. Fritz stammte aus Dresden und hatte mehrmals geäußert, dass er nicht übel Lust hätte, abzuhauen.

Kapitel 20

Am Abend saßen Fritz und Walter wieder in der Kneipe. In den Taschen hatten sie reichlich Geld, da sie nach der Kapitulation das gesamte Geld für die Zeit in Norwegen ausgezahlt bekommen hatten. Und für die Arbeit mit den Munitionskisten bekamen sie das 2,5-fache des normalen Lohns. Walter hatte 750 Reichsmark in der Tasche. So viel hatte er noch nie besessen. Die Freude wurde nur dadurch getrübt, dass es außer Perlon-Bier so gut wie nichts zu kaufen gab.

Fritz hatte gehört, dass es ein gewisser Unterschied sei, ob man in den Westen oder in die Ostzone abhaute. Aus der Ostzone wurde nur selten jemand zurückgeschickt, schlimmer war es, im Westen erwischt zu werden. Von möglichen Konsequenzen ließen sie sich jedoch nicht abschrecken. „Das Schlimmste, was uns passieren kann, ist, dass sich das Weiterkommen etwas verzögert. Warten hat keinen Sinn", sagte Fritz. Walter nahm das als absolute Wahrheit hin und nickte.

Walter wohnte zusammen mit Wilhelm. Der war auch aus der Ostzone, aber er traute sich nicht, mitzukommen. Den Gedanken daran, bei einem Misslingen länger als eigentlich nötig Munition in die Kieler Bucht kippen zu müssen, ertrug er nicht. Aber es war auch deutlich, dass – solange er selbst nicht mitmusste – er doch nichts dagegen hatte, das Gebrüll hinterher über sich ergehen zu lassen. Walter war selbst Zeuge des Theaters gewesen, das eine Flucht notgedrungen nach sich zog. Einige erhielten Sonderstrafen, anderen gelang es, sich herauszureden. Es ging im Grunde darum, dass Wilhelm möglichst lange geheim halten sollte, dass Walter nicht mehr im Zimmer war. Das sollten die Engländer schon selber herausfinden. Die Entscheidung wurde gefällt. Am Abend wollten sie ihre Koffer am Bahnhof abgeben und am darauffolgenden Tag losfahren.

Auch wenn sich Walter und seine Kameraden nach getaner Arbeit frei bewegen konnten, so war doch das Kasernentor bewacht. Hier mit einem Koffer durchzuspazieren bedeutete, das Schicksal herauszufordern. Um das Kasernengelände herum stand ein hoher Holzzaun. Hinter einem der Gebäude, in Richtung einer wenig befahrenen Straße, lösten Walter und Fritz zwei Bretter, schoben ihre Koffer durch den Zaun, krochen hinterher und stiegen in der Feldstraße in die Straßenbahn. Die Straßenbahn bahnte sich ihren Weg durch die Ruinenlandschaft. Walter stand rittlings über seinem Koffer ganz hinten auf der Plattform und war froh, dass er all dem nun entkommen konnte.

Der größte Teil des Bahnhofsdaches war weg. Ein paar Pfeiler, die einmal das Dach getragen hatten, ragten nackt und deformiert in die Luft. Einzig der Fahrkartenverkauf und die Gepäckaufbewahrung schienen halbwegs unversehrt zu sein. Hier gab es zumindest ein paar heile Fenster. Walter und Fritz stellten ihre Koffer auf die niedrige und abgenutzte Ablage vor der Gepäckaufbewahrung, nahmen den Beleg und fuhren mit der Straßenbahn zurück zur Kaserne. Sie grüßten den Posten am Tor besonders freundlich, wussten sie doch, dass dies ihre letzte Nacht in Kiel werden würde.

Früh am Morgen an einem Tag Ende August, Anfang September 1946 schlichen Walter und Fritz sich durch den Kellerausgang im hinteren Teil der Kaserne hinaus. Sie krochen durch die Öffnung im Bretterzaun und gingen mit raschen Schritten die Feldstraße hinunter. Erst in Höhe des Knooper Wegs hielten sie inne, um nach

Walter Richter in Zivil

einer Straßenbahn Ausschau zu halten. „So weit ist es auch nicht, wir können auch laufen", sagte Walter, der keine Lust auf eine Begegnung mit der britischen Militärpolizei und deren Fragen hatte. Auch wenn sie sich Mühe gegeben hatten, so zivil wie möglich auszusehen – sie hatten sich extra einen alten Pullover über die Arbeitshose gezogen – fielen sie wohl trotzdem auf. In dieser Zeit trieben sich nämlich nicht viele junge, gesunde Männer auf der Straße herum. „Wir haben genug Zeit", sagte Walter, der vergessen hatte, nach der Abfahrtszeit des Zuges zu fragen.

Auf dem Bahnhof holten sie ihre Koffer ab, kauften eine Fahrkarte nach Braunschweig und warteten eine knappe halbe Stunde auf den Zug in Richtung Süden. Sie warteten in einer Ecke, um nicht weiter aufzufallen. Viele Leute waren unterwegs. Meist ältere Frauen mit Kindern. Walter fand, dass alle recht heruntergekommen und betrübt aussahen. Besonders die Frauen. War es wirklich nötig, solch traurige Kopftücher zu tragen? Sie waren doch jetzt nicht in der Fabrik. Die Mäntel der Frauen waren entweder zu groß, hatten Flicken oder zerrissene Taschen. Eine ältere Frau trug anstatt eines Gürtels sogar eine Wäscheleine um den Bauch. Auch so mancher Mann hätte sich schöner anziehen können. Walter fiel ein Mann auf, der einen echten Lederkoffer bei sich trug. Es war offensichtlich, dass dieser Mann nicht direkt aus dem Krieg kam.

Das konnte man von Walter und Fritz eigentlich auch nicht sagen, obwohl sie natürlich gewissermaßen aus dem Krieg heimkehrten. Aber der 8. Mai 1945, als sie zusammen mit Hack und den anderen aus der Flakabteilung 702 dastanden und über den Trondheimsfjord blickten, war für Walter schon eine Ewigkeit her. Norwegen. Åsenfjorden. Gerd und das kleine Kind. Nie würde er irgendwas davon wiedersehen. Zum Glück. „Nimm einen schwarzen Pinsel und male einen Strich darunter."

Endlich kam der Zug herangedampft. Walter reihte sich ein in den Strom von alten Frauen, Kindern, Pappschachteln und vereinzelten, halbwegs elegant gekleideten Männern. Der Waggon war zum Bersten voll, und Walter starrte auf die Gepäcknetze über den Fenstern. Sie dehnten sich gefährlich unter dem Gewicht all der Schachteln, Säcke und Bündel. Nun ja. Sein Problem war es nicht, wenn sie zerrissen. Walter saß auf einer harten Holzbank zwischen Fritz und einer alten Frau. Er lehnte den Kopf zurück, und kaum hatte der Zug sich in Bewegung gesetzt, schlief er ein.

Kurz nach Lüneburg kamen zwei britische Soldaten zusammen mit dem Schaffner durch den Zug. Walter fühlte einen Stich im Magen, holte aber seinen Soldatenausweis hervor. „Ich habe ein paar Tage frei", sagte Walter, ohne dass er gefragt worden wäre. Die Soldaten schauten auf den gelben Zettel, den die britischen Besatzungsbehörden in seinen Ausweis geklebt hatten. Sie nickten, gaben Walter den Ausweis zurück und gingen weiter. Ihre Aufgabe war es offenbar nicht, entlaufene Soldaten einzufangen. Der Mann mit dem Lederkoffer konnte den Schaffner und die Soldaten offenbar nicht überzeugen, was den Inhalt seines Koffers anbelangte, und musste mitkommen. „Diese Schwarzhändler sind doch zum Kotzen", sagte Walter mit einem breiten Lächeln. Der Schreck war vorüber.

Am frühen Abend waren sie in Braunschweig. „Ich habe Hunger", sagte Fritz und holte ein Stullenpaket raus. Daran hatte Walter gar nicht gedacht. Sie setzten sich auf eine kleine Bank gleich am Bahnsteig und scherten sich nicht mehr darum, entdeckt zu werden. Der eingeklebte gelbe Zettel im Soldatenausweis öffnete offenbar alle Tore. Fritz breitete sein Stullenpaket auf der Bank aus. Wie gut doch dieses Kommissbrot schmecken konnte, wenn man nur genug Hunger hatte. Sogar die eine oder andere Scheibe Fleisch fand sich. Auf der Bank neben ihnen saßen eine junge Frau und ein ca. 14 bis 15 Jahre alter Junge. Besonders der Junge blickte wie gebannt auf ihr Stullenpaket. Walter fing seinen Blick auf und machte eine einladende Bewegung mit der Hand. „Bitte sehr. Sie natürlich auch." Er lächelte die Frau an und machte ihr Platz auf der Bank.

Auch sie wollten hinüber in die Ostzone. Der Junge wollte in Dresden seine Familie wiederfinden, und die Frau wollte nach Leipzig. Sie erklärte ihnen, dass sie erst mit einem Bummelzug bis Schöningen fahren mussten, denn weiter fuhr der Zug nicht. Das letzte Stück über die Zonengrenze müssten sie zu Fuß gehen. Sie meinte aber, sie kenne sich dort gut aus. Es sei kein Problem, den Ort Hötensleben auf der anderen Seite zu finden. Von dort kämen sie dann mit dem Zug weiter nach Leipzig.

Als sie in Schöningen ankamen, hatte schon die Abenddämmerung begonnen. Walter bemerkte, dass das Bahnhofsgebäude unversehrt war. Nur an der Südfront hatten Granateneinschläge kleinere Spuren hinterlassen. Es tat gut zu sehen, dass nicht alles in Trümmern lag. Sie gingen durch das Gebäude und durch den Haupteingang hinaus. Dort schauten sie sich erst einmal um. Walter war etwas skeptisch, aber die Frau behauptete, den Weg gut zu kennen. Sie gingen einen Hügel hinunter in Richtung einer Häusergruppe, wo wahrscheinlich das Zentrum war. Dann gingen sie durch eine Eisenbahnunterführung und hatten plötzlich ein ausgedehntes, flaches Waldgebiet vor sich. An einer Weggabelung zögerte die Frau. Anscheinend kannte sie den Weg doch nicht so gut.

Walter griff ein und traf eine Entscheidung. „Wir können hier doch nicht im Dunkeln umherirren", sagte er. „Lasst uns nur an die richtigen russischen Soldaten kommen, wer weiß, was uns dann blüht." Die Frau zeigte sich beeindruckt und wurde nachdenklich. „Ja, es wird wohl besser sein, auf den Morgen zu warten."

Die Stunden hier in diesem Espenwald, nur wenige Kilometer vom Bahnhof Schöningen entfernt, zogen sich in die Länge. Sie waren einen schmalen Schotterweg entlanggegangen. Zu beiden Seiten war gelbbraunes, hohes Gras. Buchen und Espen wuchsen dicht und das Terrain war flach. Fritz holte einen Pullover und eine Arbeitsjacke heraus und breitete sie am Wegesrand aus. Sie setzten sich. Keiner war sicher, ob sie im Westen oder schon im Osten waren. Sie setzten sich dicht zusammen, damit ihnen nicht kalt würde. Schlaf fanden sie, von dem Jungen einmal abgesehen, kaum. Der war so hundemüde, dass er seinen Kopf an Walters Schulter lehnte und einschlief. Walter spürte die Wärme seines Körpers. „Nach Dresden, um die Familie wiederzufinden." Gab es etwas Hoffnungsloseres? Walter dachte an all die alten Menschen, die in Kiel in den Trümmerbergen herumstocherten. Nun lehnte dieser Junge an seinem Arm und würde wahrscheinlich weder Vater noch Mutter je wiederfinden. Wo sollten sie denn alle hin: der Junge hier, die Jungen am Ufer in Kiel und die hunderttausend anderen? Nie hatten ihm die Leiden des Krieges so deutlich vor Augen gestanden. Die Herzschläge des Jungen waren wie kleine, hämmernde Gebete, doch endlich nach Hause zu kommen. Walter atmete tief durch, seufzte und spürte, wie seine Augen brannten.

Sollte er von nun an nur noch im Unglück wandeln? Hatte die Freude diese Welt völlig verlassen?

Kaum war der Tag angebrochen, erhoben sie sich. Walter schlug die Arme um sich, hüpfte ein bisschen auf der Stelle, um sich aufzuwärmen und ging los. Sie waren eine knappe Stunde unterwegs, umgeben von einem Laubwald, da teilte sich der Weg plötzlich. Und da hatten sie auch schon den Beweis, dass sie tatsächlich in der Ostzone angelangt waren. Ihnen kamen nämlich zwei junge russische Soldaten entgegen. Sie bedeuteten Walter und den anderen, dass sie stehen bleiben sollten. Beide waren bewaffnet, der eine mit einem Gewehr, der andere mit einer Maschinenpistole. 18 oder 19 Jahre mochten sie sein. Der eine hielt seine Hand auf dem Gewehr, das ihm an einem Gurt über die Brust hing, und winkte den Jungen und die Frau weiter – sie sollten mit dem anderen mitgehen. Der Russe hatte ein rundes, unsympathisches Gesicht. Wenn er redete, sah man sein gelbes Gebiss mit Essenresten zwischen den Schneidezähnen. War dies einer von denen, über die er so viel gehört hatte? Sahen sie so aus, die gefürchteten Männer, die den Ruf hatten, Mörder und Vergewaltiger zu sein? Die Russen, die sich einfach wahllos Leute herausgriffen, um sie dann weiter in den Osten zu schicken? Walter begriff, dass das hier richtig schief gehen konnte.

Der Russe war offenbar am meisten an Fritz und Walter interessiert. Und besonders an den Koffern. Er nahm Walter den Koffer aus der Hand und sagte: „Du SS! Du Spion!" Hier würde es wohl nicht viel mündliche Kommunikation geben. Auch Fritz gab seinen Koffer her und blieb mit halbwegs erhobenen Händen stehen. Jetzt galt es, Demut zu zeigen. Der Russe wiederholte, diesmal etwas lauter: „Du SS! Du Spion!", und wies auf einen kleinen Holzstapel am Wegesrand. Walter setzte sich hin, und der Russe zog ihm die Lederstiefel aus, die er in Trondheim ergattert hatte. Sie waren das

Wertvollste, was er besaß. Auch der Russe hatte natürlich längst bemerkt, dass das hervorragende Stiefel waren. Walter holte seinen Soldatenausweis raus und wies auf den gelben Aufkleber, vielleicht konnte er ja so den Übergriff beenden. Aber der Russe würdigte den Ausweis keines Blickes. Im Koffer von Fritz fand er ein Paar ausgetretene Schuhe, die warf er Walter zu.

Der andere Russe nahm die Maschinenpistole von der Schulter und machte mit dem Lauf eine Bewegung auf den Wald zu. Walter und Fritz sahen sich an. Sollten sie in die Richtung gehen? Wo sie hergekommen waren? Die Situation war völlig unberechenbar geworden. Walter wollte lieber keine Fragen stellen. Er ging in die von dem Russen angewiesene Richtung. Sie wateten durch kniehohes, gelbbraunes Gras über eine kleine Lichtung im Wald. Walter schaute ungeduldig und ängstlich auf ein paar Pappeln auf der anderen Seite. Würden sie erschossen werden, bevor sie so weit kämen? War es wahr, dass für diese Barbaren das Leben von Deutschen rein gar nichts bedeutete? Die nächsten 50 Meter würden den Augenblick der Wahrheit bringen. Er spürte die unbändige Lust, einen Blick über die Schulter zu werfen, aber er traute sich nicht. Lots Frau war zu einer Salzsäule erstarrt, hatte Großmutter ihm einmal vorgelesen. Vielleicht war eine kleine Kopfbewegung für die Russen schon Anlass genug, loszufeuern? Er wagte auch nicht zu laufen. Er wurde allerdings sowieso immer schneller, denn er war nicht im Stande, seine Schritte zu kontrollieren. Sein Herz hämmerte, und er spürte, wie ihm der Schweiß über die Schläfen rann. „Lieber Gott, mach, dass sie mich nicht erschießen!" Er schluchzte diese Worte förmlich aus sich heraus. Für einen Moment schien es, als wollten ihm die Beine ihren Dienst versagen. Würde er jetzt gleich etwas Stechendes und Heißes im Rücken spüren, ehe es ganz dunkel würde? Erschossen von zwei Barbaren nur einen Tag, bevor er zu Hause ankommen sollten? Walter konnte die Wirklichkeit nicht mehr von den Bildern unterscheiden, die ihm über die Netzhaut huschten. Er sah das gelbe Gras, das sich beim Gehen um seinen Fuß legte. Einen Augenblick später sah er die Kaninchenkäfige zu Hause in der Hüttenstraße. Die Bilder und Gedanken bildeten in seinem Kopf ein einziges Chaos.

Er hörte Fritz, der direkt hinter ihm ging. Jetzt waren es nur noch ein paar Meter. Da begannen sie plötzlich zu laufen. Sie stürzten die letzten Meter zu den Pappeln hinüber, warfen sich ins Gras und rollten sich über den Erdboden, wie sie es einmal in der Rekrutenschule gelernt hatten. Walter rang nach Atem und lauschte, ob die Russen wohl hinterherkämen. Aber alles war still. Er lag auf dem Rücken, die Arme seitwärts ausgestreckt, während sich sein Brustkorb wie ein Blasebalg hob und senkte. Lange lagen sie da, ohne ein Wort zu sagen. Walters Hände zitterten, er schaute Fritz in die Augen. Plötzlich fühlte er sich ein wenig beschämt, dass er sich so gefürchtet hatte. „Verdammt, Fritz, so hatte ich mir die Rückkehr nach Hause nicht vorgestellt."

Kapitel 21

Nach einer Viertelstunde hatten sie sich wieder beruhigt. Sie waren sich einig, dass es am besten wäre, die Eisenbahngleise zu finden. Sie könnten dann die Schienen entlanggehen und würden ganz sicher irgendwo in Hötensleben landen. Von einer kleinen Anhöhe aus entdeckten sie die Gleise. Sie waren ganz in der Nähe. In seinen viel zu engen Schuhen humpelte Walter die Strecke entlang, in der Hoffnung, Hötensleben möge hinter der nächsten Biegung erscheinen. Kaum waren sie einige Meter gegangen, wurden sie schon wieder von einem Russen angehalten. Dieser Soldat hatte jedoch einen Gesichtsausdruck, der auf Walter beruhigend wirkte. Der Russe sah erstaunt aus, und Walter versuchte sich mit Erklärungen. Er zeigte mit zwei Fingern: „Russische Soldaten!" Dann setzte er sich auf die Erde und demonstrierte, wie sie ihm die Stiefel ausgezogen hatten. Ermutigt durch das Interesse und das Erstaunen des Russen, verlieh Walter dem Ganzen einen besonders dramatischen Anstrich. Der Russe nickte und sagte: „Geh zum Kommandanten. Sag: „Zappzarapp!" Walter nickte sachte mit dem Kopf, überlegte aber angestrengt, was wohl „zappzarapp" bedeuten konnte. „Das werden wir tun." Dann verabschiedete sich der Russe und ging weiter die Bahnstrecke entlang. „Kann er vergessen, dass wir zum Kommandanten gehen", sagte Walter, „das ist nun wirklich zu viel verlangt."

Es tat gut, diesen Russen getroffen zu haben. Es nahm ihnen zumindest ein wenig die Furcht. Fritz und Walter waren sich nach langem Hin und Her einig, dass sie offenbar auf zwei besonders undisziplinierte Soldaten getroffen waren. Zuversichtlich stapften sie weiter. Da erblickten sie Hötensleben. Rote Backsteinhäuser zu beiden Seiten des Bahnhofs. Hier waren anscheinend gar keine Bomben gefallen. Die Fenster im Bahnhofsgebäude waren ganz und auch die Bahnsteigüberdachung war völlig unversehrt. Fritz und Walter setzten sich auf eine Bank und musterten die wenigen Reisenden, die auf den Zug warteten. Auch hier derselbe Eindruck wie schon zuvor: zumeist ältere Menschen in zerlumpten Kleidern, mit abgehärmten Gesichtern. Hier sahen sie auch zum ersten Mal einen russischen Offizier. Walter musterte ihn gründlich. Der Offizier trug Stiefel von guter Qualität. Die Hose war sorgfältig gebügelt und die Jacke korrekt zugeknöpft. Die drei Orden, die der Offizier oberhalb der rechten Brusttasche trug, hatte Walter noch nie gesehen. Der Offizier würdigte Fritz und Walter nicht eines einzigen Blickes. Er starrte vor sich hin und sog an seiner Zigarette. Die recht dicke Zigarette faszinierte Walter. Der Russe hatte sie sich selbst aus Zeitungspapier gedreht, und jetzt fraß sich die Glut langsam durch die Druckerschwärze. So etwas hatte Walter noch nie gesehen. Ob er ihm eine seiner eigenen Zigaretten anbieten sollte? Nein. Der Russe machte keinen unmittelbar freundlichen Eindruck. Er wäre am Ende noch beleidigt. Man wusste nie bei diesen Leuten. Waren sie jetzt die neuen Herren im Lande? Elegant gekleidete Soldaten waren doch nur eine dünne Schale über der Barbarei, willkürlich Menschen zu erschießen und Tabak in Zeitungspapier zu rauchen. Der Krieg hatte in der Tat viel Merkwürdiges mit sich gebracht.

Kurz vor Abfahrt des Zuges tauchten die Frau und der Junge auf dem Bahnsteig auf. Es war wie ein Treffen mit alten Bekannten. Walter berichtete über den dramatischen Zwischenfall mit den beiden Soldaten, die er nach Strich und Faden verfluchte. Es tat der Stimmung gut, interessierte Zuhörer zu haben. Die Frau strahlte trotz ihres verschlissenen Mantels eine gewisse Eleganz aus. Sie hatte das eine Bein über das andere gelegt und saß aufrecht auf der Bank, als führte sie eine Konversation in einem Salon.

Endlich kam der Zug, sie drängten sich in den Waggon zwischen alte Leute und weinende Kinder, und Walter bemerkte mit einer gewissen Freude, dass die Frau sich neben ihn gesetzt hatte, nicht etwa er neben sie. Und sie tat so, als sei dies reiner Zufall. Fritz und der Junge hatten auf der harten Holzbank gegenüber Platz genommen. Sie saßen dicht nebeneinander, und Walter spürte die Wärme der Frau am Bein, in der Hüfte und am Arm. Rutschte sie besonders dicht an ihn heran? Vielleicht. Walter betrachtete die Frau mit Neugier. Sie hatte runde Formen, und auch der verschlissene Mantel konnte ihren hohen Busen nicht ganz verbergen. Als er den Arm etwas nach vorn bewegte, streifte er mit dem Oberarm leicht ihre Brust. „Ihr Mann erwartet Sie wohl in Leipzig?" Walter wollte ein Gespräch anfangen. Es konnte ruhig persönlich sein. „Nein. Ich bin ja nicht verheiratet. Damit wollten wir bis nach dem Krieg warten, wenn er von der Marine nach Hause kommt." Sie drehte den Kopf leicht und lächelte unsicher. „Aber das ist jetzt lange her. Die letzte Nachricht von ihm ist vom Januar 1945. Da hat er geschrieben, dass er bald nach Hause kommt. Anderthalb Jahre ist das jetzt her." Sie senkte die Stimme und war ganz ernst. „Er kann doch noch kommen", sagte Walter und freute sich insgeheim, dass sie nicht verheiratet war. „Mein Bruder ist in Kanada, und keiner weiß, wann er zurückkommt."

„Aber Sie wissen wenigstens, dass er am Leben ist."

Draußen sahen sie in der Dunkelheit vereinzelte Lichter vorbeihuschen. Sie sagten nichts mehr, und Walter wusste auch nicht so richtig, worüber sie reden sollten. Er hätte gern die richtigen Worte gefunden, vielleicht ein bisschen Eindruck gemacht und den Arm um sie gelegt. Er fing an, mit sich selbst zu diskutieren. Wozu sollte das gut sein? Der Zufall hatte sie hier für einige Stunden im Nachtzug zusammengeführt. Nie würden sie einander wiedersehen. Andererseits fühlte er den Drang, diese Frau ganz dicht bei sich zu haben. War es nicht besser als gar nichts, sie einfach ein bisschen zu umarmen? Er war sich gar nicht sicher, ob er auf Teufel komm raus mit ihr schlafen würde, wenn sie alleine wären und die Gelegenheit sich böte. Nein, er fühlte sich einfach nur zu ihr hingezogen, hatte Sehnsucht nach etwas Ruhe. Wollte ihre Haut an seiner spüren. Die Nähe von etwas spüren, das schwer zu beschreiben, und doch da war. Den Kopf an ihre Brust lehnen und das Streicheln ihrer Hand in seinem Haar spüren.

„Ich habe noch einen Pullover. Ich kann ihn zusammenrollen, dann können Sie Ihren Kopf anlehnen und etwas schlafen." Sie lächelte wieder. Zweifellos war sie schön. „Ja, gerne." Walter legte den Pullover auf seiner Schulter zurecht, und sie legte ihren Kopf darauf. Es war nicht so leicht festzustellen, ob sie wirklich schlief. Und Walter wollte auch nicht fragen, um sie nicht zu stören. Selbst war er hellwach und überlegte, wie er ihr noch näher kommen könnte. Nach einer halben Stunde war er sich sicher, dass sie schlief. Er schaute auf ihre Hände, die auf ihrem Schoß lagen. Er sehnte sich danach, ihren Handrücken mit einem Finger zu berühren. Sachte und vorsichtig streichelte er ihre Hand. Sie rekelte sich ein bisschen und ergriff seine Hand. Ein Schauer durchlief Walter. Er drückte ihre Hand behutsam, lehnte den Kopf nach hinten, er umklammerte ihre Hand, als sei sie die Verbindungslinie zum Leben. Hier lagen die Möglichkeiten; die Hoffnung, die Freude und all das, was die Liebe ausmachte. Solange es noch Frauen gab, würde er schon klarkommen. Ohne es richtig erklären zu können, empfand er der fremden Frau gegenüber eine tiefe Dankbarkeit. Als sie sanft seine Hand ergriffen hatte, hatte sie ihm gleichzeitig versichert, dass es in dieser verrückten Welt immer noch Hoffnung gab.

Sie erreichten Leipzig im Morgengrauen. Walter nahm den kleinen Koffer der Frau vom Gepäcknetz und trug ihn hinaus auf den Bahnsteig. Als er aus dem Waggon kam, merkte er, dass dieser Septembermorgen recht frisch war. Sie standen sich gegenüber. Im Kontrast zwischen dem runden Frauengesicht und den Trümmerbergen im Hintergrund lebte die Trostlosigkeit wieder auf. „Es war nett, Sie kennengelernt zu haben. Danke für die Reisebegleitung." Sie streckte ihm die Hand hin. Walter hatte etliche Fragen und Vorschläge, die ihm auf der Zunge lagen, war aber nicht im Stande, etwas davon zu artikulieren. Er drückte ihre Hand, blieb stehen und sah ihr nach, wie sie eine Treppe hinunterging und verschwand.

In Dresden verabschiedete er sich dann auch von Fritz und von dem Jungen. Der Abschied von Fritz fiel ihm wesentlich leichter als damals der Abschied von Hans. Die Sache war einfacher, da sie versprachen, einander zu schreiben. Außerdem war es von Schwarzheide nach Dresden nicht weit. Schon bald würden sie sich wieder treffen können. Walter fühlte zwar, dass es dazu nicht kommen würde, aber es tat gut, es zu sagen. Das verringerte den Abschiedsschmerz. Außerdem hatte Fritz angeboten, die Schuhe zu tauschen – eine Art Garantie, dass sie sich wiedersehen würden.

Kapitel 22

Am späten Nachmittag – mehr als 24 Stunden waren seit der Abfahrt aus Hötensleben vergangen – erreichte Walter Senftenberg. Von der langen Fahrt ganz steif, stieg er aus dem Zug, griff seinen Koffer und ging die Bahnhofstraße hinunter. All die vertrauten Gebäude standen noch da. Er erkannte das Gebäude wieder, in dem einmal das Kaufhaus Klein gewesen war. Plötzlich hatte Walter ein Erlebnis aus seiner Kindheit vor Augen. Als kleiner Junge war er einmal an dem Laden vorbeigekommen, eine junge jüdische Verkäuferin stand an den Türrahmen gelehnt und schaute in die Frühlingssonne. „Das Jungchen hat aber schöne Augen", hatte sie gesagt. Walter blieb stehen und schaute auf die Tür und die Fenster. Nicht eine einzige Ware war zu sehen. Nur ein Plakat prangte im größten der Fenster: „Im Vordergrund steht die Sorge um den Menschen", las er. Auch früher hatte er Plakate gelesen. Was zum Teufel half ihm die Fürsorge der Behörden, wenn alle Läden leer waren?

Er ging weiter die Bahnhofstraße entlang. Hier hatte der Krieg nicht viele Wunden hinterlassen. Die vornehmen Villen zur Hauptstraße hin sahen etwas vernachlässigt aus. Der Anstrich blätterte an einigen Stellen ab, und hier und da verdeckten die Ziersträucher die Veranden allzu sehr. Normalerweise sah hier alles gepflegter aus. Aber wohnten denn in diesen Häusern dieselben Menschen wie vor dem Krieg? Bislang hatte er nicht einen einzigen Menschen wiedererkannt. Und man sah hier auch nicht mehr so viele Menschen.

Am Ende der Bahnhofstraße kam er an den roten Mauern des Krankenhauses vorbei, und er war froh, dass er hier nicht mit den Krücken auf dem Schoß auf der Veranda sitzen musste. Sein Bruder Rudi hatte hier mehrere Monate zugebracht, nachdem ein Granatsplitter sein Knie zertrümmert hatte. In Kiel hatte Walter von Rudi einen Brief bekommen, sein Bruder hatte in der Tat einiges mitgemacht. War mit dem Fallschirm auf Kreta gelandet, hatte sich vor Leningrad die Finger abgefroren und Bilder von der Akropolis nach Hause geschickt. Rudi hatte schon immer für Dramatik gestanden. Schon als sie als Kinder in der kleinen Kellerwohnung im Niemtscher Weg zusammengehockt hatten, bekam Walter große Augen, wenn Rudi über all seine Erlebnisse im Wald berichtete. Sowohl Diebe als auch weiße Pferde hatte Rudi mit Essen versorgt. Und wehe Walter, wenn er solche Geheimnisse verriet! „Während des Krieges hat Rudi wohl auch so manch weißes Pferd getroffen", dachte Walter. „Denn warum sonst war er trotz all seiner Heldentaten nicht befördert worden?"

Hinter Senftenberg breiteten sich zu beiden Seiten der Schotterstraße Felder aus. Oftmals hatte Walter darüber nachgesonnen, wie es wohl sein würde, zurück nach Schwarzheide zu kommen. In seinen Gedanken war es ein Parademarsch von Freude und Erwartung. Alle für ihn wichtigen Personen würden da sein. Und alle würden zufrieden und erwartungsvoll sein. Die Bilder der Heimkehr hatte er sich mit Hans und anderen Kameraden in tausenden von Gesprächen ausgemalt. Während sie aus dem Trondheimsfjord hinausfuhren, hatte er aus spontaner Freude über die bevorstehende Heimreise die Arme in die Luft gerissen. Und jetzt lagen die letzten paar Kilometer vor ihm. Er war etwas verwundert, dass seine überschwängliche Freude nun wie weggeblasen war. Auch bei näherem Nachfühlen war er nicht besonders froh. Und er konnte dafür eigentlich keinen Grund finden. Seine wunden Füße belasteten sein Denken. Aber würde er sich von lausigen Blasen unter den Füßen seine Heimkehr vermiesen lassen? Er war einfach nicht in der besten Stimmung und wusste nicht genau warum. Oder wusste er es? War er deprimiert von all dem, was er hinter sich gelassen hatte? Nein, es waren wohl mehr die ganzen Eindrücke. Ein normaler Mensch konnte sich wohl nur schwerlich über irgendetwas freuen in einem Deutschland wie diesem.

Noch ein Bild aus Kiel kam ihm in den Sinn. „Führer befiehl – wir folgen!" hatte dort auf einer Trümmerwand gestanden. Bislang hatte es nicht an Personen gefehlt, die ihm gesagt hatten, wo es langging und was zu tun sei. Nun ging er hier mutterseelenallein die staubige Landstraße nach Schwarzheide entlang. Im Koffer gut 400 Reichsmark, Waschzeug und eine Arbeitsuniform.

Ganz so hatte er sich das nicht vorgestellt, als er mit Hans in einsamen Stunden „Heimkehronanie" betrieben hatte. Dann hatten sie sich in flammenden Farben ausgemalt, wie es werden würde, wenn sie endlich nach Hause kämen.

Als er in Schwarzheide ankam, war es schon fast dunkel. Gleich außerhalb des Dorfes erkannte er das Gebäude des Wirtshauses an der Straßenkreuzung wieder. Trotzdem war er etwas verwirrt, denn wo war der Wald geblieben? Die Kneipe hatte immer vor einem grünen Nadelwald gestanden, der nun weg war. Nicht ein einziger Baum war übrig, nur gelbe, kahle Flächen erstreckten sich in einer Art nackter Schamlosigkeit. Walter humpelte weiter und kam an der Fabrik vorbei, in der er gearbeitet hatte. Sie sah so gut wie unversehrt aus. Die langen, dunklen Fabrikgebäude lagen wie tote Kolosse in der Abenddämmerung. Auf dem Platz zwischen dem zweistöckigen Laborgebäude und der Produktionshalle schräg gegenüber wuchs das Gras kniehoch. Walter setzte den Koffer ab und lehnte die Hände gegen den Zaun. An den Frühsport konnte er sich noch gut erinnern. Im Sommerhalbjahr hatten sie jeden Morgen vor ihrem Ausbilder Döring strammstehen müssen, noch vor Arbeitsbeginn. Und dessen Geliebte hatte Erika geheißen. Und wenn sie dann beim Frühsport eine bestimmte Übung machten, den Arm dreimal nach hinten federn ließen, riefen alle „E-ri-ka". Das pflegte ein guter Start in den Tag zu sein. Walter starrte auf das große Loch im Zaun genau neben sich und überlegte, ob hier gar keiner die Verantwortung hatte. Sah es überall so deprimierend aus?

Er erkannte das Kino wieder. Dort wollte er möglichst bald hin. Ganz sicher! Und er spürte bei dem Gedanken, wie ein Anflug von Ermutigung durch seinen Körper jagte. Schließlich bog er von der langen Hauptstraße ab und war in der Rosenstraße. Unschwer erkannte er die grauen Vierfamilienhäuser wieder, die die BRAG AG in einer anderen Zeit für ihre Mitarbeiter hatte bauen lassen. Hier hatte die Hand des Krieges nicht wild und brutal zugeschlagen. Auch die Gärten lagen unverändert da, durch Zäune getrennt wie damals. Die Obstbäume waren größer geworden und es hingen Birnen an einigen von ihnen. Nun, es war ja Birnenzeit.

Walter klopfte an die grüne Tür, die auf die stille Straße hinauszeigte. Die Tür war auf und er betrat den Flur. Weder an Farbe noch Spiegel konnte er sich erinnern. Drinnen in dem kleinen Wohnzimmer stand die Chaiselongue, er konnte sie durch die offene Stubentür sehen. Schon immer war sie der Stolz der Familie gewesen. Als sie noch in der Hüttenstraße gewohnt hatten, besaß keine andere Familie so ein elegantes Möbelstück. Sie hatten es nämlich von einer Tante geerbt, die eine gute Partie gemacht hatte. An normalen Wochentagen durfte keines der Kinder darauf sitzen.

„Hallo?" Walter ging im Flur nach rechts, öffnete die Küchentür und trat ein. Die Mutter stand am Herd und sah Walter ungläubig an. Sie wischte sich die Hände an der weißen Schürze ab, die sie über einem abgenutzten Baumwollkleid trug. Dann öffnete sie den Mund, ohne etwas zu sagen. Walter stellte den Koffer ab und lächelte. Es war so gut, das vertraute Gesicht der Mutter wiederzusehen. Älter war sie geworden, mehr Falten als zuvor, aber die Haare trug sie noch genauso wie früher. Sie waren wie immer streng nach hinten gekämmt und mit zwei Kämmen festgesteckt. Auch die braunen Wollstrümpfe und die Filzpantoffeln waren Walter vertraut.

Am Küchentisch saß der Vater mit einer dünnen Zeitung vor sich. Viel hatte sich nicht verändert. Der Ausguss und Wassereimer waren wie eh und je an ihrem Platz. Walter erblickte den Kombi-Herd, den man sowohl mit Kohle als auch mit Gas heizte, und dachte daran, wie gut das frische Brot aus diesem Herd stets gewesen war.

Frida Richter, Walters Mutter

Die Übergardinen zu jeder Seite des Küchenfensters waren noch nicht vorgezogen. Auf dem Küchenschrank stand die alte Käseglocke, unter der nie Käse war, und sogar der Wecker stand an seinem Platz. Neben der Tür hing unter dem Holzregal der alte Wandbehang mit dem Spruch „Streut Blumen der Liebe zur Lebenszeit und bewahrt einander vor Herzeleid". Die Schrift war mit blauem Garn in das stets sauber gebügelte, damastene Tuch gestickt. Walter spürte den Geruch des gerade gewischten Linoleumfußbodens und war im Grunde erleichtert. Erleichtert nicht deshalb, weil er den Krieg überlebt und nach all diesen schlimmen Jahren wohlbehalten zurückgekehrt war, sondern weil er sah, dass all das Alte, Vertraute noch da war. Etwas war also erhalten. Hier war kein Chaos. Dieser Bereich seines Lebens war immer noch intakt.

Der Vater erhob sich, stand etwas unsicher und brachte kein Wort heraus. „Walter!" Die Mutter stürzte auf ihn zu, fiel ihm um den Hals und drückte ihn an sich. „Walter?" In ihrer Stimme lagen Erstaunen und Freude. „Bist du gekommen?" Sie wusste nicht richtig, wonach sie fragen sollte. „Setz dich doch." Der Vater ergriff Walters Hand mit beiden Händen, drückte sie fest, und sagte dann mit schwerer Stimme: „Es ist gut, dich zu sehen, Kleiner." Diesen Namen hatte Vater schon eine Ewigkeit nicht mehr verwendet. Wohl das letzte Mal, als Walter noch ein kleiner Junge war. Der Ausdruck „Kleiner" war an frohe Augenblicke im Garten zusammen mit den Kaninchen geknüpft.

Die Mutter lief im Kreis, während Walter sich in der grauen Waschschüssel wusch, die wie immer auf dem Hocker in der Ecke zum Wohnzimmer hin stand. Sie legte eine neue Tischdecke auf und holte das kostbarste Service mit Goldrändern an den Tassen heraus. Sie hatte jedoch nicht viel zum Anbieten. Die Goldränder der Kaffeetassen bildeten einen scharfen Kontrast zu den kleinen, braunen Mischbrotstullen auf den Tellern. Butter gab es nicht. Auch keinen Kaffee, dafür hatte Mutter noch etwas Kaffee-Ersatz.

Die Mutter erkannte, dass sie nicht viel zum Auftischen hatte und seufzte verzweifelt: „Das ist das, was wir haben, Walter." Der Vater unterbrach sie etwas verärgert. Etwas von dem glühend heißen Muckefuck war ihm auf die Untertasse gelaufen; er schlürfte es auf wie eh und je. „Man kann ja nicht erwarten, dass alles sich in so kurzer Zeit einrenkt. Die Faschisten haben uns ein völlig zerstörtes Deutschland hinterlassen. Der Wiederaufbau braucht seine Zeit. Nicht mehr lange, dann haben wir alles, was wir brauchen in unseren Läden. Eine neue Zeit hat begonnen, Walter. Endlich haben wir die Macht. Wir, also Leute wie du und ich. Gewöhnliche Arbeiter. Endlich haben wir eine gerechte Gesellschaft, in der das Volk bestimmt und regiert. Natürlich haben wir Probleme, aber wir können uns unsere eigene Zukunft aufbauen. Jetzt haben wir die Chance, eine auf Gerechtigkeit und historische Erfahrungen gegründete, sozialistische Gesellschaft zu errichten."

Vater hatte sich in Rage geredet, während Mutter begann, den Tisch abzuräumen. Er lehnte sich über den Küchentisch und sagte dann etwas leiser: „Ich will dir einen guten Rat geben, Walter: Geh in die Politik. Wir brauchen solche wie dich." Walter dachte zurück an die Zeit in der Kellerwohnung, wo sie gewohnt hatten, nachdem Vater eben wegen der Politik die Arbeit verloren hatte. Konnte so etwas wieder geschehen? Als ob er seine Gedanken erraten hatte, sagte Vater: „Bald ziehen wir in eine größere Wohnung. Ich bin Wahlbezirksvorsteher der Partei im Bezirk 26. Erzähl' mir bloß nicht, wir sind nicht auf dem richtigen Weg." „Wenn nur ein bisschen mehr zu essen dabei rausspringen würde", seufzte Mutter und räumte die letzte Tasse vom Tisch. Vater brummte verärgert und wendete sich etwas von ihr ab. Sie hatte doch noch nie Ahnung von der Politik gehabt.

Kapitel 23

Am nächsten Tag, einem Sonnabend, war Tanz im „Zollhaus" im drei Kilometer entfernten Ruhland. Walter gab sich große Mühe mit seinem Aussehen. Er bügelte ein weißes Hemd und auch die Hose, die er in Trondheim aus einem graugrünen Baumwollmantel hatte nähen lassen, sah gar nicht schlecht aus. Am meisten Gefallen fand er an seiner kurzen Marinejacke, die auf jeder Brusttasche einen blanken Knopf hatte. Lange verharrte er vor dem kleinen Spiegel in der Küche und fragte sich, ob er den Scheitel lieber rechts oder links tragen sollte. Die Schuhe des Vaters waren etwas vornehmer als seine eigenen, nicht zuletzt passten sie besser von der Größe her.

Er war bereits zeitig da. Die Hauptstraße entlang dauerte es etwa eine halbe Stunde bis Ruhland. Walter kam an einigen leeren Schaufensterscheiben vorbei und grüßte einige Personen, die ihm bekannt vorkamen. Mehrere von ihnen grüßten auch zurück, allerdings etwas unsicher, so als ob sie einige Sekunden brauchten, um die Person, der sie zunickten, einzuordnen.

Das „Zollhaus" lag an der Schwarzen Elster, in der Walter früher sehr oft gebadet hatte. Er beschleunigte seinen Schritt, eilte über die kleine Brücke und genoss die Freude des Wiedersehens. Vor dem Lokal standen vier oder fünf Mädchen in einer Gruppe zusammen. Walter kannte jedoch keines von ihnen. Er ging hinein und trank ein Bier an der Bar, die sich ganz hinten im Lokal befand. Am entgegengesetzten Ende war die Kapelle mit dem Aufbau einer kleinen Bühne beschäftigt. Der Saxophonist versuchte sich mit einigen heiseren Tönen, die beiden Geiger stimmten ihre Instrumente. Der Schlagzeuger trank Bier und blickte recht ausdruckslos über die versammelten Leute. Der Kapellmeister hob seine Ziehharmonika hoch und rief: „Wir beginnen erst zu spielen, wenn hier Ruhe herrscht." Gut, dass Walter so früh gekommen war, denn an den Tischen gab es nur noch wenige freie Plätze.

Walter stand an der Bar und beobachtete durch den dicken Zigarettenrauch das Treiben. An allen Tischen saßen junge Mädchen. Einige von ihnen wurden wohl von ihren Eltern begleitet. Denn wer konnten die Erwachsenen sein, die mit ihnen am Tisch saßen? Walter bestellte noch ein Bier. Es war wohl noch dünner als das, was er in Kiel bekommen hatte. Von diesem hier musste er mindestens einen Eimer voll trinken, um in Stimmung zu kommen.

Plötzlich wurde ihm klar, wie viele Mädchen es hier eigentlich gab. Beim ersten Tanz sah er mindestens zwanzig Mädchen, die als Pärchen miteinander tanzten. Mit ihm standen noch ein paar junge Männer an der Bar, wohl einige Jahre jünger als er selbst. Ansonsten sah man nur ganz vereinzelt Männer an den Tischen sitzen. Waren dies alle, die aus dem Krieg zurückgekommen waren? Der einzige, den er wiedererkannte, war Herbert, der Verlobte seiner Schwester. Walter bemerkte, dass eines der Mädchen sich nach einem Tanz bei ihrem Partner entschuldigte. Die violette Farbe ihrer Bluse hatte auf sein weißes Hemd abgefärbt. Sie hatte bestimmt einen Bettbezug genommen und diesen einfach gefärbt.

Walter fühlte sich beobachtet, was kein angenehmes Gefühl war. In den Blicken spürte er eine Art Neugier. Wer war er wohl? Die Musik setzte wieder ein, und das Parkett wurde sofort von all den Mädchen bevölkert. Mitten unter den Mädchen, die miteinander tanzten, entdeckte Walter auch etliche Väter, die mit ihren Töchtern das Tanzbein schwangen. Die Kapelle versuchte, die Leute zum gemeinsamen Gesang zu animieren, aber Walter spürte in all dem einen Beigeschmack in Moll. Obgleich dieser Samstagabend Freude und Unterhaltung bringen sollte, hatte er doch auch eine andere Seite: Dieser Abend war zugleich eine Erinnerung, eine Mahnung daran, dass hier heute eigentlich all diejenigen sein sollten, die nicht aus dem Krieg zurückgekommen waren. Auch Walter hatte gehört, dass etliche Männer gefallen waren, aber erst dieser Samstagabend verdeutlichte ihm die Leere. Normalerweise wären sie alle hier gewesen. Alle ohne Ausnahme.

Walter hatte ein hübsches Mädchen am Nachbartisch erspäht. Er nahm einen Schluck Bier, wischte sich den Mund mit dem Handrücken ab und ging auf sie zu. Er schaute sie an und verbeugte sich höflich. Ohne ein Lächeln auf den Lippen stand sie auf und ließ sich auf das Parkett führen. Walter fiel ihre schmale Taille auf, wie sie so einen Meter vor ihm schritt. Sie war recht hochgewachsen, und Walter vermutete, dass sie schöne Beine hatte. Er sah ja nur ein wenig von ihren Waden. Vorsichtig nahm er ihre Hand und legte ihr seine eigene sachte auf den Rücken. Aus Erfahrung wusste er, dass es sich lohnte, behutsam zu Werke zu gehen. Nur Idioten gingen gleich in die Vollen. Sie tanzten einen Tango, der eigentlich nicht zu Walters Lieblingstänzen gehörte, es klappte jedoch trotzdem erstaunlich gut. Viel erzählen konnte er allerdings nicht, denn ein Tango erforderte volle Konzentration.

„Tanzen wir noch einen?" Wieder nickte sie, ohne zu lächeln. Jetzt spielten sie einen Walzer, und den beherrschte Walter viel besser. Er summte sogar ein bisschen die Melodie mit und führte seine Tanzpartnerin ziemlich sicher. Ihr Körper fühlte sich unbeteiligt an. Er versuchte es mit leichtem Drücken an ihrer Hand oder im Rücken, jedoch ohne die erhoffte Wirkung. Als der Tanz zu Ende war, begleitete Walter sie zurück zum Tisch und entdeckte zu seiner Freude, dass neben ihr ein Platz frei war. „Darf ich ein Bier spendieren?", fragte Walter, während er ihr den Stuhl zurechtrückte. „Ja, gerne", sagte sie. Sie wirkte immer noch ausdruckslos und unbeteiligt. Als das Bier kam, war es Walter, der das Gespräch suchte. Er berichtete über Norwegen, die Kälte und die Mitternachtssonne. Selbst fand er seine Geschichten anregend, aber sie lächelte kaum ein einziges Mal. Dann kam das Mädchen, das gegenüber am Tisch gesessen hatte, vom Tanzen zurück. Walter stellte sich vor und erzählte weiter. Vielleicht erzählte er zu schnell und zu viel? Ihr Schweigen verunsicherte ihn. Er sah, wie die beiden Blicke wechselten, ohne zu wissen, was sie bedeuteten.

„Du sagst so wenig", wendete sich Walter an die Hochgewachsene und lehnte sich zu ihr herüber. „Dafür erzählst du viel!" Da war Walter plötzlich enttäuscht und etwas konsterniert. Hatte er denn etwas Falsches gesagt? Er lehnte sich zurück auf seinem Stuhl und griff sich sein Bierglas, das er langsam in seinen Händen drehte. Keiner sagte etwas. Beide taten, als ob sie sich brennend für die auf dem Parkett Tanzenden interessierten. Walter überlegte, wie es nun weitergehen sollte. Die Zurückweisung schmerzte. Im Grunde hatte es keinen Sinn, hier weiter sitzen zu bleiben.

Plötzlich wendete sie sich ihm zu. Sah ihm in die Augen. Sie hatte einen ernsten Gesichtsausdruck. „Entschuldigung. Ich wollte dich nicht beleidigen. Es ist manchmal einfach so mit mir." „Wieso denn?" Walter fragte, obwohl er die Antwort bereits ahnte. „Ich weiß auch nicht so richtig. Kurt ist in Frankreich gefallen. Nicht alle haben so ein Glück gehabt wie du, verstehst du?" Sie machte eine kleine Pause, wie um Kräfte zu sammeln. Sie drehte ihren Kopf leicht und starrte auf die Tischplatte. Dann murmelte sie etwas vor sich hin, das Walter nicht verstand. Er beugte sich zu ihr: „Wie bitte?" Sie schwieg einen Moment. Dann wiederholte sie leise, wie für sich selbst: „Nur ihn will ich haben."

Epilog des Autors

Meine Mutter Gerd und ich kamen an einem nasskalten Februartag des Jahres 1945 nach Moss. Der Krieg neigte sich dem Ende zu, und alles, was Gerd in ihrer Heimatstadt zu erwarten hatte, war Schmach und Schande. Ihr Bruder Robert holte uns mit dem Pferdeschlitten vom Bahnhof ab. Er war einer von fünf Brüdern und hat mir in späteren Jahren immer wieder über diese unsere erste Begegnung mit der Stadt Moss erzählt. Darüber, wie kalt es gewesen war, über das Fell, in das ich eingewickelt war und wie hoch die Schneewälle entlang der Straßen gewesen waren, die wir mit unserem Schlittengeläut passierten. Ich glaube ehrlich, dass Robert meine Mutter mit echter Geschwisterliebe empfing, in die sich möglicherweise eine gewisse Portion Resignation mischte. Das ganz besondere Verhältnis der beiden zueinander im späteren Leben lässt jedenfalls darauf schließen, dass Robert seine Schwester empfing, ohne inquisitorische Fragen zu stellen.

Ich kann nur mutmaßen, wie Gerd von ihren Eltern, den fünf Brüdern und ihrer Schwester aufgenommen wurde. Die Verdammnis, die Gerd entgegenschlug, war anfangs wahrscheinlich so stark, dass es nicht in Frage kam, dass sie das Kind behielt. Vielleicht ließ sich ja die Schande verringern, wenn sie das Kind zu Pflegeeltern gaben. Gerds Eltern nahmen also Kontakt auf zu einem Bruder meines Großvaters, der Harald hieß und zusammen mit seiner Frau Marta mitten im schwärzesten Wald Dutzende Kilometer außerhalb von Moss wohnte. Ich habe nicht die geringste Ahnung, wie dieses alte, kinderlose Ehepaar darauf reagierte, plötzlich ein Bündel mit einem unerwünschten kleinen Kind darin überreicht zu bekommen. Ich kann mir aber vorstellen, dass das ein für alle Seiten dramatisches Ereignis gewesen sein muss. Gerd wurde ihr Kind entrissen, sodann redete man ihr zu – wahrscheinlich in recht kategorischer Form –, ihr Leben in Dänemark neu zu ordnen, was sie dann auch tat.

Im Verlaufe dieser Sommermonate des Friedensjahres 1945 entdeckten jedoch die Großeltern – wohl zu ihrer eigenen Verwunderung – eine starke emotionale Bindung zu dem kleinen Jungen. Das führte dazu, dass sie ihn recht schnell zurückholten und ihn mit größter Liebe und Hingabe umsorgten.

Gerd heiratete und wohnte fortan in Dänemark, sie brachte vier Söhne und eine Tochter zur Welt. Ihr Mann Hans war Möbelpolsterer von Beruf, ungemein erfolgreich in seinem Fach. 1952 gründete er seine eigene Werkstatt, die sich mit der Zeit zur größten Möbelfabrik Skandinaviens entwickelte. Ökonomischer Wohlstand einerseits und Unglücke andererseits sind jedoch die zwei Parallelen, die Gerds Leben fortan prägen sollten, bis sie im Jahre 2002 starb. Jeden Sommer machte sie mit ihrer Familie Urlaub in Moss, und ich glaube, alles Böse – sei es in Worten oder Taten –, was zwischen ihr und den Eltern 1945 vorgefallen war, wurde nun rasch vergessen und vergeben. Gerd wurde mit offenen Armen aufgenommen und die Bindungen an die Familie in Moss waren ihr ganzes Leben lang sehr stark. Solange die Eltern lebten, war sie von Heimweh geplagt, und ich kann sie mir jederzeit vorstellen, wie sie auf ihrem Herrenhof in Dänemark mit einer Zigarre im Sessel sitzt und mit leerem Blick verträumt vor sich hinstarrt. In solchen Momenten war sie mit ihren Gedanken wahrscheinlich zu Hause in Moss.

Das Unglück traf sie in verschiedenen Abschnitten ihres Lebens. Das erste Unglück war das weggenommene Kind und das Umherirren in der Fremde, bevor sie Halt in Dänemark fand. Das ganze Leben lang träumte Gerd von einer Tochter, doch als sie endlich ihre Lena bekam, starb das Mädchen nach nur zwei Monaten. Darüber kam sie nie hinweg. Die Ehe kam ins Schlingern, 1970 folgte die Scheidung. 1976 starb ihr jüngster Sohn mit gerade einmal 18 Jahren bei einem Motorradunfall. Gerd zog sich immer mehr auf ihren Herrenhof zurück, der ihr nach der Scheidung zugesprochen worden war.

Zwischen meiner Mutter und mir entstand nie ein gutes Verhältnis, obwohl wir uns jedes Jahr für längere Zeit sahen. Als ich erwachsen war, wollte ich, dass sie mir von ihrem Leben während des Krieges erzählte, aber daraus ist nie etwas geworden. Wir entwickelten ein gegenseitiges Misstrauen, eine kritische Haltung, die sich – so meine ich – zu einer Art Gleichgültigkeit wandelte. Kurzum, unser Verhältnis wurde mit der Zeit so kompliziert, dass wir entsprechenden Abstand zueinander hielten. Vielleicht lag das ja daran, dass ich im Grunde genommen die direkte Ursache für ein schwieriges Leben war. Die Wege des Herrn sind unergründlich – die des eigenen Lebens können es ebenso sein.

Als ich an einem Frühlingstag 2002 im Krankenhaus im dänischen Horsens an ihrem Sterbebett stand, dachte ich, dass man in diesem Leben nur eine Mutter haben kann, und für mich war sie diese Mutter nicht gewesen. Ich musste auch an Peer Gynt denken, der seine Mutter Åse in einer ähnlichen Situation im Triumph zum Soria-Moria-Schloss führte. Unser Abschied war alles andere als das, gleichwohl ohne Bitterkeit, Trauer oder Tränen. Da war nur eine spürbare Leere angesichts der Erkenntnis, dass auch Blutsbande reißen können. Als ich den Krankenhausflur entlangging, dachte ich: „Das Einzige, was du für mich warst, war eine dramatische Geschichte."

Walter Richter versuchte in der neuen Republik Fuß zu fassen, die so stolz darauf war, ein „Arbeiter- und Bauernstaat" zu sein. Es dauerte jedoch nicht lange, ehe sowohl Walter als auch sein Vater begriffen, dass dieses Ostdeutschland sich nicht so sehr von dem unterschied, was gerade untergegangen war. Die Leute wechselten einfach nur die Uniform, vorher braun – jetzt grün, und glitten ziemlich reibungslos in ein neues totalitäres System hinein.

Otto Richter starb desillusioniert im Jahre 1948, seine Frau Frida verbrachte noch einige Jahre in Armut und erlebte nie, dass genug Essen auf dem Tisch stand. Kurz vor dem Tod seines Vaters fuhr Walter nach Berlin, dann weiter in den Westen und kam nie zurück. Sein Bruder Rudi blieb in der Heimat und arbeitete in der DDR als Journalist. Der zweite Bruder Kurt ging nach der Gefangenschaft in Schottland in die USA, wo er eine Familie gründete und ein neues Leben begann. Auch den drei Schwestern gelang es, nach Westdeutschland zu kommen, ehe die Mauer der Ausreisewelle ein Ende setzte.

Walter Richter ließ sich in Hattingen unweit von Düsseldorf nieder und arbeitete dort bis zur Rente als Stahlarbeiter bei Thyssen. Er heiratete und bekam einen Sohn, Axel, der später in Berlin Architektur studierte. Die Unterstützung für das Studium des Sohnes verschlang beträchtliche Mittel, so dass sich Walter erst im reiferen Alter einen Volkswagen leisten und auch anderweitig am Wohlstand in Westdeutschland teilhaben konnte. „Du als Stahlarbeiter", sagte ich einmal, „hast wohl immer SPD gewählt?" Da sah er mich verärgert an und entgegnete: „Niemals! Ich war immer CDU-Mann." Bis zum heutigen Tage wohnt er mit seiner Gerda in Duisburg, geht runter zum Gemüsemarkt, benutzt die Plastiktüten mehrfach und genießt das Leben.

Es erfordert keine besondere Begabung, um mit der Zeit zu sehen und zu begreifen, dass die Großeltern nicht die eigenen Eltern sein können. Bereits als Jugendlicher begann ich also, meine Fühler vorsichtig auszustrecken: zum Pfarrer in meinem Geburtsort Åsenfjorden, zum Bundesarchiv und zum Militärarchiv in Westdeutschland. Alle waren höflich-mitfühlend, aber die Antwort war stets die gleiche: Name und Geburtsdatum reichen nicht aus, um deinen Vater zu finden. Mit dieser Antwort lebte ich weiter, bis ich viele Jahre später in der Zeitung „Aftenposten" etwas über eine Norwegerin las, die ihren Vater über ein neues Archiv des Roten Kreuzes in München ausfindig gemacht hatte. Ohne mir größere Hoffnungen zu machen, sandte ich einen Brief an das Archiv. Umso erstaunter war ich, als ich einige Wochen später eine Antwort bekam, in der stand, dass sie Walter Richter gefunden hatten, aber den Kontakt mit ihm nicht ohne sein Einverständnis herstellen durften. Ich setzte mich also hin und schrieb einen Brief. Ich erzählte in groben Zügen über mich selbst und versicherte, dass ich nicht darauf aus war, sein Leben durcheinanderzuwirbeln, sondern mich ganz einfach dafür interessierte, mehr über meine deutschen Wurzeln zu erfahren.

An einem Abend im März 1989 klingelte das Telefon. Ich fragte die deutschsprechende Stimme, ob sie Walter Richter sei, aber die Stimme antwortete: „Nein, ich bin dein Bruder, Axel." So begann alles, und einige Wochen später trafen Walter, Axel und ich uns auf dem Flughafen Düsseldorf. Da gab es keinen emotionalen Ausbruch, aber ich sah sofort, dass ich meinem Vater geradezu aus dem Gesicht geschnitten war.

Im ersten Sommer suchten wir bekannte Orte auf: Undlien, Aunan, Åsenfjorden. Walter war ganz aufgeregt, lief überall hin und erklärte alles. Der Höhepunkt war die Begegnung mit dem alten Anton Undlien, in dessen Stube wir am fein gedeckten Tisch bei

Waffeln und Marmelade beisammensaßen. In dieser Situation lag ein unglaublicher Kontrast zu den Erinnerungen, die über den Tisch huschten und die vor allem die Kargheit des Krieges zum Inhalt hatten. Jetzt saß Walter Richter wieder hier auf Undlien – als Beweis dafür, dass die Welt voranschreitet.

Später trafen wir uns in regelmäßigen Abständen in Moss und Düsseldorf. Einmal fragte ich ihn, wann er und Hans begriffen hätten, dass der Krieg verloren war. „Worüber habt ihr in eurer Baracke gesprochen an den Tagen vor dem 8. Mai 1945?" Diese und andere Fragen stellte ich, und sie bewirkten etwas bei Walter. Eines Tages bekam ich über 20 Schreibmaschinenseiten mit Kommentaren zu meinen Fragen. Ich hielt diese Blätter in der Hand, dieses ungemein interessante zeithistorische Dokument. Zum ersten Mal bestünde die Möglichkeit, Herz und Verstand eines deutschen Soldaten in Norwegen kennenzulernen. Und ich beschloss, die Geschichte von Walter Richter aufzuschreiben.

Da ich jedoch nicht über Orte schreiben konnte, die ich nie gesehen hatte, unternahm ich mehrere Reisen nach Deutschland. Gemeinsam erkundeten Walter und ich die Orte seiner Kindheit und Jugend, sahen uns Schulen, Heime und andere Einrichtungen an. Eine der stärksten Erinnerungen hinterließ der Besuch in der Volksschule in Schwarzheide. Das rote Backsteingebäude hatte sein Aussehen in den letzten hundert Jahren nicht allzu sehr verändert und stand jetzt sogar unter Denkmalschutz. Wir standen am Schultor, Walter zeigte und erzählte. Hier war er mit gesenktem Kopf die Steintreppe hochgelaufen, denn alle wussten, dass gleich nebenan im Turnsaal sein Vater interniert war. Und hierher war seine Mutter jeden Tag mit Essen gekommen.

Jetzt kam der Hausmeister der Schule gemächlich auf uns zu und überlegte, was wir wohl vorhatten. Und ich spürte, dass Walter etwas verlegen war, als er unser Anliegen schilderte. Schon oft hatte ich das Gefühl gehabt, dass es ihm ein wenig peinlich war, wenn ich Fremden Fragen nach dem Krieg stellte. Der Hausmeister reagierte jedoch eindeutig positiv. Er nahm uns mit in den Turnsaal. Diese Minuten gehören zu dem Seltsamsten, was ich je erlebt habe. Ohne jegliche äußere Dramatik stand ich plötzlich auf einer Art heiligem Grund. Hier hatte mein Großvater auf einer dünnen Strohmatratze genächtigt, hier hatte er Angst gehabt und gegrübelt, was die Zukunft bringen würde. An derselben Stelle stand ich nun mit meinem eigenen Vater, der sich hier in den friedlichen Tagen seiner Kindheit mit Bockspringen, Seilklettern und Gruppengymnastik beschäftigt hatte, ohne auch nur eine Ahnung davon zu haben, dass der Krieg eines Tages auch hier seine Fratze zeigen würde. Lautlos sahen wir uns um. Schauten hoch zur Decke, zu den Fenstern, den Wänden. Beide beschworen wir Bilder herauf, während der Hausmeister verdutzt neben uns stand und überlegte, was wir dort wohl sahen. Bei der Abfahrt saßen wir stumm im Auto. Plötzlich ertönte das „Ave Maria" aus dem Autoradio, und ich sah Walters Hand, wie sie langsam die Lautstärke hochdrehte. In diesem Moment spürte ich eine enge Verbundenheit, eine Blutsverwandtschaft, die schwer in Worte zu fassen ist. Und vielleicht soll man das auch gar nicht erst versuchen, denn das Leben selbst in seinem Mysterium liegt jenseits der Worte.

Walter Richter und sein Sohn

Im Sommer 1989 kam Walter Richter (rechts im Bild) zum ersten Mal seit Kriegsende wieder nach Norwegen. Wir besuchten vertraute Orte – in Åsenfjorden und auch hier in Lystlunden (Horten), wo sich die Rekrutenschule befand.

Weitere Biografien aus dem acabus Verlag

André Biakowski

Obiad - Mehr als nur Mittagessen
Mein Jahr in Polen mit Überlebenden
des Holocaust

ISBN: 978-3-86282-198-3
172 Seiten
EUR 12,90

Alois Springer

**... und Olkowitz liegt doch am Meer
Schönheit ist des Teufels**
Die Autobiografie eines Dirigenten

ISBN: 978-3-86282-012-2
412 Seiten
EUR 16,90

Luis Stabauer

Der Kopf meines Vaters
Wien von der NS-Zeit bis zur Gegenwart
Eine Zeitzeugin erzählt

ISBN: 978-3-941404-08-3
160 Seiten
EUR 15,90

Unser gesamtes Verlagsprogramm finden Sie unter

www.acabus-verlag.de